Carl-Auer-Systeme

Wozu erziehen?

Wilhelm Rotthaus

Entwurf einer systemischen Erziehung

Dritte Auflage, 2000

Über alle Rechte der deutschen Ausgabe verfügt Carl-Auer-Systeme
Verlag und Verlagsbuchhandlung GmbH Heidelberg
Fotomechanische Wiedergabe nur mit Genehmigung des Verlages
Satz: Paul Richardson
Umschlaggestaltung: WSP Design, Heidelberg
Printed in Germany
Druck und Bindung: Kösel Druck, Kempten

Dritte Auflage, 2000

Die Deutsche Bibliothek – CIP-Einheitsaufnahme

Rotthaus, Wilhelm:
Wozu erziehen? : Entwurf einer systemischen Erziehung /
Wilhelm Rotthaus – 3. Aufl. – Heidelberg : Carl-Auer-Systeme-Verl. 2000
  ISBN 3-89670-095-2

Inhalt

Einleitung

Wozu erziehen? Diese Frage stellt sich heute vielen Eltern, Erzieherinnen und Erziehern in ihrer doppelten Bedeutung: Welche Absichten und welche Ideen verfolge ich in der Erziehung? Was sind meine, was sind die „richtigen" Erziehungsziele? Und wenn ich die Ziele weiß: Wie ist Erziehung überhaupt möglich? Gibt es „richtige"
Erziehung? Und schließlich: Wollen die heutigen Kinder noch erzogen werden? Soll ich überhaupt noch erziehen? Ist das Ende der
Erziehung, wie manche behaupten, gekommen?
   Solche Fragen sind die Themen dieses Buches. Es reiht sich jedoch nicht in die lange Kette jährlich neu erscheinender Erziehungsratgeber. Da Ratschläge immer auch einen Mangel an Respekt vermitteln, in der jeweilig besonderen Situation doch nicht passen und
entsprechend selten hilfreich sind, wird in diesem Buch ein anderer
Ansatz verfolgt: Es wird versucht, aus einer systemtheoretischen
Perspektive die Bedingungen für Erziehung in unserer heutigen
Gesellschaft zu erfassen und den Vorgang der Erziehung besser zu
verstehen. Ziel ist es, auf diese Weise innere Haltungen und Einstellungen bei Eltern, Lehrerinnen und Lehrern, Erzieherinnen und
Erziehern anzuregen, aus denen heraus sinnvolles erzieherisches
Handeln unter den einmaligen Bedingungen der jeweiligen Einzel-
situation möglich wird. Auf die gleiche Art werden aus einer systemtheoretischen Sicht ethische Grundsätze und Ideen entwickelt, die
sinnvolle und für die Zukunft des Menschen lebensnotwendige Ziele anregen sollen.
   Entsprechend dieser Zielsetzung gliedert sich das Buch in drei
Hauptkapitel. Im ersten wird der Frage nachgegangen, warum heute eine so große Erziehungsunsicherheit besteht und warum das
Ende der Erziehung von den einen Fachleuten gefordert, von den
anderen beklagt wird. Dabei scheinen viele der gängigen Erklärun-

gen zu kurz gegriffen. Zudem dürfte die Forderung nach einer Rückkehr zu dem erzieherischen Selbstverständnis der letzten Jahrhunderte, das auf der Idee einer grundlegenden Differenz zwischen Kindern und Erwachsenen basierte, ebenso wenig tragfähig sein wie
die Aufforderung, jegliche Erziehung aufzugeben und Kinder nur
noch als kleine Erwachsene zu behandeln.

Anders der Ansatz in diesem Buch: Aus einem historisch fun-
dierten Verständnis von Kindheit heute wird versucht, eine neue
Beziehung von Kindern und Erwachsenen anzuregen, die sowohl
die Unterschiede zwischen beiden berücksichtigt als auch die Forderung nach partnerschaftlicher Gleichberechtigung erfüllt. Aus einem solchen Verständnis heraus ist das Kind nicht mehr Objekt erzieherischer Bemühungen, sondern bleibt Subjekt seines Lebens und
seiner Entwicklung. Erziehung wird dann verstanden als ein interaktiver Prozeß, in dem die Handlungen aller beteiligten Partner
gleich wichtig sind, auch wenn Kinder und Erwachsene unterschiedliche Rollen und Aufgaben haben.

Im zweiten Hauptkapitel wird versucht, den Prozeß des Erziehens in seinen unterschiedlichen Dimensionen auf verschiedenen Betrachtungsebenen – so aus der Sicht des zu Erziehenden (des
Kindes), aus der Sicht von Eltern, LehrerInnen und ErzieherInnen
und schließlich als interaktiver Prozeß – verständlich werden zu lassen. Aus einer systemtheoretischen Sicht werden häufig für selbstverständlich gehaltene Annahmen über Erziehung in Frage gestellt,
und es wird erörtert, welche Konsequenzen ein systemisches Verständnis des Erziehungsprozesses hat. Die im ersten Kapitel entwickelte Sicht der Kind-Erwachsenen-Beziehung findet hier auf anderer Grundlage ihre Bestätigung.

Das dritte Hauptkapitel ist der Frage nach den Erziehungszie-
len gewidmet. Abgeleitet wieder aus einer systemtheoretischen Perspektive wird eine Forderung erhoben, die manchem Leser allzu
radikal erscheinen mag – auch wenn sie in der Moralphilosophie
keineswegs neu ist: die Forderung nach einem Verzicht auf moralische Werte und Normen zugunsten einer ethischen Orientierung
menschlichen Handelns als Ziel von Erziehung. Darüber hinaus
werden einige weitere Ideen entwickelt, die im Hinblick auf eine
Erziehung zu einem friedlichen Zusammenleben in der Welt grund-
legend erscheinen.

Ein Hinweis in „eigener Sache" mag dem Verständnis dienen: Als Kinder- und Jugendpsychiater bin ich täglich mit problembeladenen Lebenssituationen von Kindern und Jugendlichen sowie ihren Eltern und ErzieherInnen befaßt und begegne zwangsläufig den unterschiedlichsten Arten erzieherischer Schwierigkeiten und vielen Formen erzieherischen Scheiterns. Dabei habe ich in den vergangenen Jahren zunehmend die Überzeugung gewonnen, daß die Erziehungsprobleme heute anderer Art sind als noch vor 20 oder 30 Jahren. In Gesprächen mit KollegInnen des eigenen Fachs und aus anderen Berufsgruppen, die in ähnlicher Weise mit Kindern und Eltern zu tun haben – PsychologInnen, PädagogInnen u.a. –, fand ich meine Beobachtungen oft bestätigt. Um es ganz grob zu charakterisieren: Während Kinder früher durch eine übermäßige, einengende, autoritäre Erziehung in ihrer Entwicklung behindert wurden, scheint dies heute dadurch zu geschehen, daß sie aufgrund von Erziehungsunsicherheit und Erziehungsresignation kaum noch Grenzen kennenlernen.

Ich bin mir bewußt, daß ich in meinem Beruf jeweils mit den Extremen gesellschaftlicher Entwicklungen konfrontiert bin. Die geschilderten Beobachtungen scheinen jedoch in überspitzter Form einen Wandel erzieherischer Einstellungen und Haltungen aufzuzeigen und Kernfragen gesellschaftlicher Rahmenbedingungen, unter denen Erziehung heute erfolgt, zu verdeutlichen. Diese Vermutung näher zu untersuchen und Expertenmeinungen aus Pädagogik, Soziologie, Psychologie und anderen Wissenschaftsbereichen, wie sie in der Literatur zu finden sind, heranzuziehen, war ein Anlaß für dieses Buch.

Ein weiterer Anlaß für dieses Buch lag darin, daß ich inzwischen gut eineinhalb Jahrzehnte systemtheoretisch orientierter Arbeit mit Kindern und Jugendlichen sowie ihren Eltern und sonstigen Angehörigen unter stationären und ambulanten Bedingungen überblicke. Dabei habe ich die Überzeugung gewonnen, daß systemisches Denken für das Verstehen menschlichen Verhaltens nützlich ist und daß es zudem dazu anhält, die Würde des anderen – sei es Kind, sei es Erwachsener – zu respektieren und seine autonomen Entscheidungen zu achten. Es hat mich deshalb gereizt zu untersuchen, ob der systemische Blick auf den Prozeß der Erziehung neue Anregungen erbringt.

11

Eine letzte Anmerkung für Leser, denen systemisches Denken noch wenig vertraut ist. Die moderne Systemtheorie hat sich in den vergangenen Jahrzehnten zu einem der fruchtbarsten Konzepte in den unterschiedlichsten wissenschaftlichen Disziplinen entwickelt. Sie befaßt sich mit dem heute in allen Lebensbereichen als zentral erkannten Problem der Komplexität, das heißt mit dem Problem der Vielschichtigkeit und Vernetzung, mit den Strukturen und Beziehungen sowie den Regeln und Mustern zwischen den Elementen eines Systems. Im Mittelpunkt systemtheoretischen Interesses stehen demnach nicht so sehr die Zustände der einzelnen Teile als vielmehr die Prozesse ihres Zusammenwirkens. Das gilt auf jeder Systemebene, der der Beobachter seine Aufmerksamkeit zuwendet, der individuellen Ebene neuronaler Prozesse ebenso wie der der Familie oder der Schule, wobei jedes System als Teilsystem eines übergreifenden Systems (und umgekehrt) betrachtet werden kann. Systemisches Denken hat inzwischen weite Verbreitung gefunden in Psychologie und Medizin, vor allem der Psychotherapie (Systemtherapie, Familientherapie), ebenso wie in der Organisationsentwicklung und Managementberatung, in der Soziologie sowie in vielen Bereichen, in denen es um die Steuerung komplexer Systeme geht, beispielsweise der Entwicklungshilfe oder der Ökologie. Einen auffallend geringen Niederschlag findet die Systemtheorie bislang in der Pädagogik, hier noch am ehesten in der Schulpädagogik, fast gar nicht aber in dem großen Bereich der Erziehung. Dieses Buch möchte ein Anstoß zu einer überfälligen Diskussion sein.

Teil I: Warum erziehen?
Überlegungen zur Notwendigkeit
einer neuen Erziehung

1. Erziehungsunsicherheit heute

Wer mit offenen Augen im letzten Jahrzehnt des 20. Jahrhunderts durch die Welt geht und sich für Kinder und Erziehung interessiert, wird einen sehr markanten Widerspruch beobachten müssen. Auf der einen Seite: Weniges erscheint so selbstverständlich wie die Tatsache, daß Erziehung von Kindern ein elementarer Grundbaustein gesellschaftlichen Lebens ist, daß Kinder angeleitet, geführt, gelenkt, gefordert, eingegrenzt und geformt, eben zu einem sozialen Menschen erzogen werden müssen. Mehr noch: Wenige Menschen zweifeln daran, daß Erziehung in der Art, wie wir sie heute verstehen, auch in Zukunft unverzichtbar sein wird, ebenso wie die meisten Menschen der Überzeugung sind, daß es Erziehung gegeben hat, solange die Menschheit besteht.

Heftig gestritten wird über Erziehungsziele und über Erziehungsmethoden, und es werden Auseinandersetzungen darüber geführt, ob die Kinder mehr oder weniger erzogen werden müssen. Die Überzeugung von der grundsätzlichen Notwendigkeit von Erziehung ist jedoch in der Breite der Bevölkerung ungebrochen geblieben. Die Frage, ob Erziehung denn überhaupt notwendig sei, wird tendenziell als absurd abgetan, üblicherweise mehr belächelt als ernst genommen.

Dem steht die nicht zu leugnende Beobachtung gegenüber, daß immer mehr Eltern in ihrem konkreten Verhalten ihren Kindern gegenüber deutlich machen, daß sie sehr unsicher sind, ob sie erziehen wollen, d. h. ob sie bestimmte „richtige" Erziehungsziele kennen und durchzusetzen entschlossen sind. Viele schwanken unschlüssig zwischen der Idee, ihren Kindern eine glückliche, unbeschwerte Kindheit schaffen zu wollen, und dem Wunsch auf eine hohe Leistungsbereitschaft sowie Erfolge ihrer Kinder in Schule und Sport. Und solche Eltern, die bestimmte Erziehungsziele für ihre

Kinder vor Augen haben, begnügen sich häufig damit, an die Einsicht ihrer Kinder zu appellieren, d. h. zu fordern, die Kindern möchten das doch freiwillig tun, was klar zu fordern und durchzusetzen sie sich nicht trauen oder in der Lage sehen. Gelingt dieser Appell an die Einsicht nicht – und das ist häufig der Fall, da es sich im Prinzip um eine paradoxe Aufforderung handelt (siehe Teil II, Punkt 3.3.3) –, fallen die Eltern in Resignation und Verzweiflung.

Andere Eltern geben ihre Erziehungsbemühungen auf und resignieren mit dem Hinweis darauf, ihr Kind tue doch das, was es wolle, es wehre alle Erziehungsmaßnahmen ab und lasse sich in keiner Weise positiv beeinflussen. Wenn man in solchen Fällen genauer nachfragt, gewinnt man oft den Eindruck, daß diese Eltern über viele Jahre ihrem Kind sehr viele Freiräume und viele Vergünstigungen ohne alle Gegenleistungen gewährt haben, einfach weil es ein glückliches Kind sein sollte, nun aber – für das Kind zumindest sehr plötzlich – mit erzieherischen Forderungen an es herantreten, die das Kind ignoriert und verweigert.

Es gibt viele unterschiedliche Grade, Motive und Spielarten einer Verweigerung von Erziehung: die aus falsch verstandener Liebe, die aus Ratlosigkeit, die aus Resignation und Verzweiflung bis hin zu der aus Gleichgültigkeit. Eltern machen ihre Kinder zu Geschwistern, der Sohn wird zum besten Kumpel des Vaters, die Tochter zur besten Freundin der Mutter. Kinder werden die heimlichen oder sogar offenen Herrscher in der Familie, Eltern übernehmen die Rolle von Erfüllungsgehilfen für die Wünsche ihrer Kinder und werden letztlich geradezu zu Bittstellern vor ihren Kindern. Im letzten Falle führen die Überforderung auf seiten der Kinder ebenso wie Resignation, Verzweiflung und Wut auf seiten der Eltern nicht selten zu Gewalt, die von beiden Seiten ausgeht, Gewalt von Kindern gegen ihre Eltern und Gewalt von Eltern gegen ihre Kinder.

Eltern und ErzieherInnen, die an ihre Erzieheraufgabe glauben, die klare Erziehungsziele formulieren und diese durchzusetzen versuchen, sind ebenso selten geworden wie Kinder selten geworden sind, die glauben, erzogen werden zu müssen, die ein Selbstbild als „Kind" haben, das diese Überzeugung mit einschließt.

Dieser Widerspruch zwischen dem erlebten Selbstverständnis, daß Erziehung von Kindern unverzichtbar sei, und der allgemeinen Erziehungsunsicherheit bis Erziehungsverweigerung ist nicht ohne Folgen geblieben: Die öffentliche Diskussion hat sich dieses Themas angenommen, und je nach persönlicher oder parteipolitischer Ausrichtung wird ein allgemeiner Werteverfall als Ursache beschuldigt und eine Rückkehr zu alten, überkommenen Normen und Werten gefordert oder aber eine Neuorientierung angemahnt, die jedoch wenig konkret erscheint. Wie immer, wenn sich ein Problem in der Gesellschaft zeigt, werden die Schulen beschuldigt, nicht genug zu tun, in diesem Fall: nicht genug zu erziehen. Dadurch wird der gesellschaftliche Auftrag an die Schule aber nur weiter verunklart. (Soll Schule Bildung vermitteln oder erziehen? Soll Schule über möglichst viele Stunden Kinder betreuen und die Eltern entlasten oder aber je aktuelle gesellschaftliche Probleme, wie die Benachteiligung von Mädchen und Frauen oder die Zunahme von Gewalt in der Gesellschaft, lösen?).

„Erziehung in der Krise", so das Fazit des SPIEGEL-SPECIAL „Kinder" im September 1995. Beredter Beleg sind die zahllosen Erziehungsratgeber, die selbst wiederum das ganze Spektrum der Möglichkeiten qualitativer und quantitativer Art widerspiegeln und zur weiteren Verunsicherung der Eltern und Erzieher beitragen. Nur wenige Eltern trauen sich heute noch, spontan erzieherisch zu handeln: Die meisten befürchten, sich nicht „richtig" ihren Kindern gegenüber zu verhalten (aus der Annahme, es gebe denn ein „richtiges" Erzieherverhalten), und lassen jede Spontaneität ihrer Reaktionen vermissen, weil erst diskutiert und überlegt werden muß.

2. Erziehen – eine überholte Idee?

Die dargestellte Situation trägt alle Anzeichen einer Umbruchphase, in der die Lösung „zurück zum Althergebrachten" wenig erfolgversprechend erscheint. Es sollte sich deshalb lohnen, der Frage, ob denn Erziehung überhaupt notwendig und sinnvoll sei, etwas ernsthafter nachzugehen, auch wenn sie auf Anhieb eher lächerlich zu sein scheint.

2.1 DIE KINDERRECHTSBEWEGUNG

Diese Frage ist von den Vertretern der sog. „Kinderrechtsbewegung" entschieden verneint worden. Sie forderten in den frühen 70er Jahren die Befreiung der Kinder aus den Fesseln, die die Erwachsenen ihnen angelegt hätten, vor allem die Befreiung aus den Fesseln der Erziehung. *Zum Teufel mit der Kindheit* nannte John Holt 1978 sein weit verbreitetes Buch, während Richard Farson 1975 in seinem ebenso berühmten Buch *„Menschenrechte für Kinder"* forderte. Diese betrafen für ihn das Recht des Kindes auf Information, auf freie Entscheidung über seine Schulerziehung, auf sexuelle Freiheit, auf ökonomischen und politischen Einfluß und sogar auf die Wahl seiner Wohnumwelt. Das heißt: Kinder sollten selbst die Möglichkeit haben zu entscheiden, wo und mit wem sie leben wollten; auch müßten sie das Wahlrecht bekommen, weil Erwachsene kaum Anteil an ihren Interessen hätten und zu ihrem Vorteil nichts entscheiden würden.

Richard Farson forderte die Erwachsenen auf, die Rechte der Kinder zu schützen, und hob dies deutlich ab von dem Bemühen vieler Erwachsener, Kinder zu schützen. Letztere hätten zwar eine beträchtliche Anzahl von Gesetzen zum Schutz der Kinder durchgesetzt und auch viele Praktiken aufgedeckt, wie Kinder ausgenutzt und schikaniert würden. Sie würden aber die Unmündigkeit der Kinder und ihre Machtlosigkeit für gegeben hinnehmen, würden eine Beschützerrolle einnehmen und die eigene Macht und Autorität an die Stelle einer eigenständigen, verbrieften Macht der Kinder setzen. Ihre Anstrengungen, den Kindern zu helfen, würden zu einer paternalistischen Haltung führen und das Gegenteil von wirklichem Schutz bewirken. Demgegenüber liege der wichtigere Schutz im Schutz der Rechte der Kinder – und eben nicht im Schutze des Kindes selbst. Erwachsene, die in diesem Sinne bestrebt seien, durch beharrliche Arbeit die vollen Bürgerrechte der Kinder abzusichern, würden eine Emanzipation der Kinder und nicht ihren Schutz anstreben. Sie würden sich Kinder wünschen, die ihren Lebensweg frei gestalten könnten und sich nicht mit dem abzufinden brauchten, was ihnen einseitig von den Erwachsenen zugebilligt werde.

John Holt, der selbst Lehrer war, führte dazu in Bezug auf die Schule u.a. aus:

> „Ich will, daß sie das Recht haben, bestimmen zu können, wann, wieviel und von wem sie unterrichtet werden, und darüber entscheiden zu können, ob sie in einer Schule lernen wollen, und wenn ja, in welcher Schule, und für wie viele Stunden am Tag. Kein Menschenrecht – vom Recht auf Leben abgesehen – ist fundamentaler als dieses. Die Freiheit des Menschen zu lernen ist Teil seiner Gedankenfreiheit und noch grundlegender als seine Redefreiheit. Wenn wir jemandem das Recht nehmen, selbst zu bestimmen, worüber er neugierig sein wird, zerstören wir seine Gedankenfreiheit. Letzten Endes sagen wir ihm damit: Du darfst nicht über das nachdenken, was dich interessiert und betrifft, sondern nur über das, was uns interessiert und betrifft." (Holt 1978, S. 188)

Wie wörtlich Holt seine Forderung nach Rechten für Kinder meint, wird deutlich, wenn er schreibt:

> „Es wird heutzutage viel über die ‚Rechte' von Kindern geschrieben. Viele Autoren gebrauchen dieses Wort in dem Sinne, daß Kinder etwas haben sollen, mit dem wir wohl alle einverstanden sind: ‚das Recht auf ein gutes Zuhause' oder ‚das Recht auf eine gute Erziehung'. Ich verstehe demgegenüber unter dem Wort dasselbe, was gemeint ist, wenn von den Rechten der Erwachsenen die Rede ist. Ich bestehe darauf, daß das Gesetz den Kindern und Jugendlichen die gleichen Freiheiten einräumt und garantiert, die es heute

Erwachsenen einräumt, damit sie bestimmte Entscheidungen treffen, bestimmte Dinge tun und bestimmte Verantwortung tragen können. Dies bedeutet umgekehrt, daß das Gesetz gegen jeden vorgehen sollte, der die Kinder und Jugendlichen an der Ausübung ihrer Rechte hindern will." (Holt 1978, S. 114)

Holt räumt ein, daß die Verwirklichung der Kinderrechte nur nach und nach zu erreichen sei. Wenn sie überhaupt stattfände, dann werde es sich um einen Prozeß handeln, um eine ganze Reihe von Schritten, die über mehrere Jahre hinweg vollzogen würden. So sei – schreibt Holt 1978 – kürzlich das Mindestalter für Wahlberechtigte von 21 auf 18 Jahre gesenkt worden. Und er meint, wir sollten es noch weiter senken, auf 16 oder 15 Jahre, und später dann auf 14 und 12 Jahre und so fort, bis diese Barriere und alle anderen Schranken, die jungen Menschen die Möglichkeit zu wirklicher, selbständiger und verantwortungsvoller Teilnahme am Leben ihrer Umwelt vorenthielten, vollauf beseitigt seien.

2.2 DIE ANTIPÄDAGOGIK

Auch die sog. „Anti-Pädagogik" hat die Frage nach dem Sinn und der Notwendigkeit von Erziehung eindeutig mit „nein" beantwortet. Sie wurde in Deutschland unter anderen von Ekkehard von Braunmühl (1975) sowie Hubertus von Schoenebeck (1984) vertreten und schloß an die Kinderrechtsbewegung an. Sie forderte auf, sich freizumachen von der „Erziehungsverantwortung", also von der Idee der „alten" Erziehung, für die Kinder zu wissen, was für sie gut sei, und dies auch zu ihrem Besten durchzusetzen.

Den Anspruch, andere Menschen in ihren Grundstrukturen zu formen, ihnen Ziele der Lebensgestaltung zu setzen, erklärte die Antipädagogik als seinem Wesen nach „intolerant, mißtrauisch, totalitär und auf Entselbstung zielend", die so verstandene Erziehung nicht nur als überflüssig, „sondern als kinder-, menschen-, lebensfeindlich, als verbrecherisch" (von Braunmühl 1975, S. 78).

Dem naheliegenden Einwand, daß beispielsweise der Säugling eine dominante, ihn umsorgende und vorausschauend vor Gefahren bewahrende ErzieherIn brauche, begegnete von Braunmühl mit dem Hinweis: „Eine vernünftige – im Gegensatz zu einer lieblosen

oder erziehen – Mutter beansprucht nicht Autorität oder Dominanz, sondern sie ist ihrem Säugling gehorsam, einfach, weil er so
abhängig und darauf angewiesen ist" (von Braunmühl 1975, S. 224).
Sie erkenne rasch, daß nicht sie, sondern der Säugling sowohl wisse
als auch signalisiere, was ihm jeweils fehle. Das bedeute: Der Säugling besitze die für seine autonome Entwicklung notwendige Wahr-
nehmungs- und Kommunikationskompetenz und sei von Anfang
an zur Selbstbestimmung fähig.

Ausgehend von dieser Überzeugung, daß alle Menschen von
Geburt an sinnvoll über sich und ihr Schicksal bestimmen können
und Kinder mithin nicht beherrscht und erzogen werden müssen,
ist es das Ziel der Antipädagogik, mit Kindern auf der Basis ihrer
Selbstverantwortung und Selbstbestimmung und unter Wahrung
einer strikten Gleichberechtigung umzugehen. Dem Satz: „Kinder
müssen zu verantwortlich handelnden Menschen erst noch erzogen werden" stellt die Antipädagogik den Satz gegenüber: „Jeder
Mensch kann von Geburt an Verantwortung für sich und sein Wohl-
ergehen übernehmen." Daraus folgt als nächster gedanklicher
Schritt: „Jeder Mensch hat von Geburt an das Recht, über sein Lernen (seinen Informationshunger, seinen Wissensdurst) selbst zu bestimmen." Erziehung wird gleichgesetzt mit Einmischung in die
Angelegenheiten eines anderen, souveränen Menschen. An die Stelle von Erziehung wird Unterstützung und Anregung gesetzt in einer Form, wie man Freunde unterstützt und anregt, wenn sie es
denn wollen. Der Erwachsene wird aufgefordert, sein Gefühl für
die Würde des anderen und für einen achtungsvollen Umgang zu
sensibilisieren.

Erziehung in dem Sinne, daß ein Mensch glaubt, besser zu
wissen, was für den anderen Menschen gut ist, und daß er dies dann
auch durchzusetzen versucht, beinhaltet nach von Schoenebeck
(1993) mehr und Schädlicheres als einen reinen Herrschaftsanspruch.
Wenn ein Erwachsener sage: „Mach Schulaufgaben!", so könne da-
hinterstecken: „... weil ich, der Erwachsene, keinen Ärger mit dem
Lehrer haben will". Die Anordnung erfolge zum eigenen Vorteil, es
finde keine Erziehung statt. Um Erziehung handele es sich erst dann,
wenn die gleiche Aufforderung begründet werde mit: „... weil das
besser für dich ist". Erziehung fordere von dem Kind, daß es nicht
nur folgen, sondern auch einsehen und bejahen solle, was der Er-

wachsene von ihm will. Es solle einsehen, daß es so, wie es nun mal gerade ist, nicht sein dürfe und sich so nicht lieben dürfe. Die Aufforderung: „Mach Schulaufgaben!" mit Erziehungsanspruch lasse das Kind spüren: „Was fällt dir ein, jemand zu sein, der keine Schulaufgaben machen will? So etwas gehört sich nicht. So jemand darfst du nicht sein. So jemand darfst du nicht einmal sein wollen!" Insofern sei der erzieherische Anspruch ein viel gefährlicheres Gift als die offene und erwachsenen-eigennützige, „reine" Herrschaft. Gegen die reine Herrschaftsausübung könne das Kind sich zumindest innerlich auflehnen, auch wenn es sich äußerlich füge. Gegen Erziehung anzukommen sei viel schwerer. Die Kinder müßten dann so stark und stabil sein, daß sie die psychischen Angriffe des „gutmeinenden" Erwachsenen zurückweisen könnten. Von Schoenebeck räumt auch ein, daß er durchaus mal eine Forderung gegenüber einem Kind durchsetze, in einem solchen Fall aber immer mit der Begründung: „… weil ich es will" und nicht: „… weil es gut für dich ist".

Dabei sei es den Erwachsenen nicht verboten, sich darüber Gedanken zu machen, was gut für ihr Kind sei, und diese Gedanken auch zu äußern. Wichtig sei jedoch der Verzicht auf die Durchsetzung der eigenen Meinung. Wichtig sei also hinzuzusetzen: „Aber entscheiden wirst letztlich du selbst. Es ist meine Meinung. Ich sage sie dir, ich geb' dir diesen Tip oder Rat. Aber ich beanspruche nicht, daß du dich danach richtest." Insofern beanstandet von Schoenebeck auch nicht, daß Erwachsene Kinder beeinflussen, und er leugnet nicht, daß dies in Form von Modellverhalten, durch Informieren und Unterstützen des Kindes und vieles andere mehr ständig geschieht (von Schoenebeck 1993, S. 56–61).

Auch werden Kinder durch die Antipädagogik nicht aufgefordert, frei nach dem Lustprinzip zu handeln und keinerlei Grenzen zu achten. Die Antipädagogik stellt die Autorität des Erwachsenen gleichberechtigt neben die Autorität des Kindes. Abgelehnt wird zwar, den Kindern aus pädagogischen Überlegungen heraus Grenzen zu setzen. Die Erwachsenen werden aber aufgefordert, in schlicht authentischer Selbstachtung nach einer Art „Notwehrprinzip" ihre Eigenbereiche abzugrenzen und kindliche Übergriffe weder herauszufordern noch sich gefallenzulassen. Das „Notwehrprinzip" mache Angriffe auf das Kind überflüssig und ermögliche ihm dadurch, ein autonomes Ich zu entwickeln. Dem Kind sollen nicht Unlusterfahrungen erspart werden, wohl aber „erzieherisch angezettelte Unlusterfahrungen" bzw. „Erziehung (sinnloser Dialog) mit allen notwendigen Folgen" (von Braunmühl 1975, S. 235).

Ähnlich wie die Beziehung unter Freunden zerstört werde, wenn der eine den anderen zu erziehen versuche, werde auch die Beziehung zwischen Eltern und Kindern durch Erziehung zerstört. Die Eltern werden aufgefordert, Freunde ihrer Kinder zu werden, d. h. sie prinzipiell so zu akzeptieren, wie sie sind. Das schließe nicht aus, sie zu kritisieren, spontan zu beschimpfen, sie zu unterstützen, ihnen Ratschläge zu geben, mit ihnen zu streiten, ihnen Dinge zu erklären, mit ihnen etwas zu unternehmen etc., eben so, wie man es mit Erwachsenen, mit Freunden tue.

2.3 Die antiautoritäre Erziehung

Dieses „Notwehrprinzip", d. h. die Anerkenntnis, daß sich im täglichen Miteinander zwangsläufig von selbst ergebe, daß man Kindern Grenzen setze in dem Augenblick, in dem die eigenen Grenzen von dem Kind nicht respektiert werden, wird von der Antipädagogik deutlicher hervorgehoben als seitens der antiautoritären Erziehung. Deren hervorragendster Vertreter war A. S. Neill, und sie wurde sozusagen zum Markenzeichen der 68er-Bewegung. Neill war Lehrer und Leiter eines Internats. Sein erzieherisches Prinzip war, dem Kind bei seiner Entwicklung jede nur mögliche Freiheit zu lassen, eine Freiheit, die größer war als die der Erwachsenen: Für die Kinder war beispielsweise die Teilnahme am Unterricht freiwillig, während die Lehrer ihre Stunden laut Stundenplan zu absolvieren hatten.

Neill schreibt:

> „Freiheit ist für ein Kind nötig, weil es sich nur in Freiheit natürlich – und das heißt gut – entwickeln kann ... Wie reagiert das Kind auf Freiheit? Gescheite Kinder und auch weniger gescheite gewinnen etwas, was sie nie zuvor besessen haben – etwas, das beinahe undefinierbar ist. Sein wichtigstes Anzeichen besteht darin, daß das Kind aufrichtiger und liebevoller wird und seine Aggressionsgefühle abnehmen. Wenn Kinder keine Angst haben und keiner Disziplin unterworfen sind, dann sind sie im allgemeinen

nicht aggressiv ... Leben nach eigenen Gesetzen, das ist das Recht des Kleinkindes auf freie Entfaltung, ohne äußere Autorität in seelischen und körperlichen Dingen. Das Kind bekommt zu essen, wenn es hungrig ist, es wird selber sauber und nur, weil es dies wünscht, es wird weder angebrüllt noch geschlagen, sondern immer geliebt und beschützt ... Wir müssen dem Kind erlauben, egoistisch zu sein – seinen kindlichen Interessen die ganze Kindheit hindurch frei folgen zu können. Wenn die individuellen und die sozialen Interessen des Kindes in Konflikt geraten, dann sollten die ersteren ruhig den Vorrang haben. Die ganze Idee ... ist Befreiung: Dem Kind wird erlaubt, seine natürlichen Interessen zu leben ... Es ist falsch, irgend etwas durch Autorität zu erzwingen. Das Kind sollte etwas so lange nicht tun, bis es selbst überzeugt ist, daß es das tun sollte. Das Unglück der Menschheit liegt im Zwang von außen, mag er nun vom Papst kommen, vom Staat, vom Lehrer oder von den Eltern. In seiner Ganzheit ist er Faschismus." (Neill 1969, Seiten 115–123)

Die Freiheit war allerdings nicht völlig uneingeschränkt. Es gab Vorschriften und Regeln zur Sicherheit der Kinder und zur Ordnung des Gemeinschaftslebens. Sie wurden jedoch weder von einem Kollegium noch einem Direktor erlassen, sondern in den allgemeinen Schulversammlungen jede Woche demokratisch diskutiert, beschlossen, manchmal wieder aufgehoben oder verbessert. Jedes Mitglied der Schulversammlung stimmte mit einer Stimme ab – der jüngste Schüler ebenso wie alle Lehrer und Neill selber.

Neill geht von der Überzeugung aus, daß der Daseinszweck des Kindes darin bestehe, sein eigenes Leben zu leben – nicht das Leben, das es nach Ansicht der besorgten Eltern führen sollte oder das den Absichten des Erziehers entspreche, der zu wissen glaube, was für das Kind am besten sei. Solche Einmischung und Lenkung von seiten Erwachsener habe lediglich eine Generation von Robotern zur Folge (vgl. Neill 1969, S. 30).

Mit Bezug auf den gesamtgesellschaftlichen Kontext führt er aus:

„Erziehung muß eine Vorbereitung auf das Leben sein. Unsere Gesellschaft ist auf diesem Gebiet nicht sehr erfolgreich. Unsere Erziehung, unsere Politik, unser Wirtschaftssystem führen zum Krieg ... Der Fortschritt unseres Zeitalters ist ein Fortschritt der Maschine: Funk und Fernsehen, Elektronik und Düsenflugzeuge.

Neue Weltkriege drohen auszubrechen, weil das soziale Gewissen
der Welt noch immer primitiv ist." (Neill 1969, S. 41)

Neill ist der Überzeugung, daß Kinder und Jugendliche unter 18
Jahren freigestellt sein sollen von Pflichten, wie sie Erwachsenen
zukommen. Ihr Aktionselement sei das Spiel, das die „Arbeit" der
Kinder und Jugendlichen sei und das sie in nahezu völliger Freiheit
gestalten sollten. Dies schließe nicht aus, daß dieses „Spiel" auch
darin bestehen könne, daß Kinder sich einen Fahrradschuppen bau-
en, wenn sie daran Interesse hätten. Kindheit sei Spielzeit. Jede Gemeinschaft, die diese Tatsache nicht berücksichtige, erziehe ihre Kinder falsch. Die Übel der Zivilisation seien darauf zurückzuführen,
daß kein Kind sich jemals habe richtig ausspielen können. Alle Kinder würden zu Erwachsenen herangezüchtet, noch lange bevor sie
wirklich Erwachsene seien.

Für Neill sind Kinder keine kleinen Erwachsenen. Er formuliert,
daß sich der Gemeinschaftssinn junger Menschen, ihr Verantwor-
tungsgefühl für die Gemeinschaft frühestens im Alter von 18 Jahren
entwickle. Das Interesse der Kinder richte sich immer nur auf ihre
unmittelbaren Bedürfnisse, die Zukunft existiere für sie nicht. Wenn
aber Kindern und Jugendlichen die Möglichkeit gegeben werde, ihre
ichbezogene Phantasie auszutoben, dann würden sie als junge Erwachsene in der Lage sein, sich der Lebenswirklichkeit zu stellen,
ohne eine unbewußte Sehnsucht nach dem Spiel der Jugendzeit zu
hegen (Neill 1969, S. 73–75). Kinder, die in Freiheit erzogen würden
und spielen könnten, soviel sie wollen, würden nicht zu Massen-
menschen werden.

2.4 Die Unmöglichkeit, nicht zu erziehen

Anhand dieser kurzen Darstellung der Kinderrechtsbewegung, der
Antipädagogik und der antiautoritären Erziehung wird deutlich,
daß selbst die entschiedensten Gegner von Erziehung sich letztlich
doch dazu bekennen, Kinder absichtsvoll zu beeinflussen. Aus der
zeitlichen Distanz gewinnt man den Eindruck, daß diese Autoren
vor allem die massiv regulierenden, sehr einengenden und Kinder
stark dominierenden Erziehungspraktiken ihrer Zeit angegriffen
und verurteilt haben.

Letztlich wird man sagen müssen: Wer Umgang mit Kindern pflegt, kann nicht nicht erziehen – allein schon deshalb, weil er sich nicht nicht verhalten kann. Sein Verhalten in Gegenwart von Kindern oder gerichtet auf Kinder dürfte nämlich immer – insbesondere, wenn der Erwachsene dies in der Rolle eines Elternteils, einer LehrerIn oder einer ErzieherIn vollführt – mehr oder weniger bewußt geprägt sein durch eine Idee darüber, wie Kinder sich entwickeln und werden sollen. Dieses Verhalten aber wirkt auf das Kind und löst mit hoher Wahrscheinlichkeit bei diesem Reaktionen und Veränderungen im Sinne von Entwicklung aus – wozu auch immer.

Neill ist ein gutes Beispiel für diese Tatsache. Er sieht seine Aufgabe in erster Linie darin, wenigstens einige Kinder glücklich zu machen, und möchte dies seinen Worten nach ohne erzieherische Einflüsse erreichen. Daß er dabei vornehmlich an die zu seiner Zeit dominierende Erziehungspraxis denkt, wird deutlich, wenn er schreibt: „Schaffen Sie allen Zwang ab! Geben Sie dem Kind die Möglichkeit, es selbst zu sein! Schubsen Sie es nicht herum! Belehren Sie es nicht! Halten Sie ihm keine Predigten! Erheben Sie es nicht zu etwas Höherem! Zwingen Sie das Kind zu nichts!" (Neill 1969, S. 274). Neill verfolgt erzieherische Zielvorstellungen von „Glück" und setzt dies u.a. gleich mit „dem Zustand minimalster Unterdrückung" (Neill 1971, S. 103). Entsprechend wünscht er sich, daß Kinder keine Menschen werden, die sich in das herrschende Wirtschaftssystem fugenlos einordnen, die sich dem genormten Geschmack anpassen, leicht beeinflußbar sind und in vorhersagbarer Weise auf manipulierte Bedürfnisse reagieren. Das heißt: Neill hat sehr klare Erziehungsziele und sehr konkrete Ideen darüber, wie Kinder sich entwickeln und werden sollen. Neills erzieherisches Prinzip ist es, dem Kind soviel Verantwortung zu übertragen, wie es in seinem Alter übernehmen kann. Das bedeutet aber auch, er erzieht dort, wo ihm Erziehung notwendig erscheint. Entsprechend schreibt er: „Wir lassen einen Sechsjährigen nicht entscheiden, ob er ins Freie gehen kann oder nicht, wenn er Fieber hat. Und wir fragen auch ein übermüdetes Kind nicht, ob es ins Bett gehen will oder nicht." (Neill 1969, S. 157). Auch fordert Neill eine Moral der gegenseitigen Achtung, was letztlich heißt: eine Erziehung zur Respektierung der Rechte des anderen.

Auch die Antipädagogen wie von Braunmühl und von Schoenebeck machen in ihren Publikationen deutlich, daß sie klare Vorstellungen davon haben, wie ein Umgang von Erwachsenen mit Kindern gestaltet werden soll. Sie haben also Vorstellungen von Erziehung, das heißt über absichtsvolle Beeinflussung von Kindern durch Erwachsene, auch wenn sie einen Großteil üblicher erzieherischer Maßnahmen ablehnen. Wie jeder verantwortungsvolle Erwachsene haben auch sie Ziele, auf die hin Kinder sich entwickeln sollen, beispielsweise Achtung vor der Eigenverantwortlichkeit des anderen, Respekt vor den Rechten des anderen, Gleichberechtigung aller Menschen, gleich wie alt sie sind, Freiheit als Grundrecht jedes Menschen, die allerdings durch die wirklichen Möglichkeiten begrenzt werde (vgl. von Braunmühl 1978, S. 31).

Auch die Antipädagogen haben also eindeutig eine Idee davon, welche Werte Kinder erfahren und damit auch lernen sollen. Sie haben aber sicherlich zurecht viele Erziehungspraktiken als Maßnahmen angegriffen, die Kindern jede Achtung versagen und ihnen Mißtrauen signalisieren. So formuliert von Braunmühl, pädagogisch eingestellte Erwachsene würden Kindern mit einem Mißtrauensvorschuß begegnen, und Kupffer schreibt, daß pädagogische Maßnahmen Unfreiheit brächten, wenn sie sich selbst nur als Eingriffe verstünden, die an passiven Erziehungsobjekten vorgenommen würden (vgl. Kupffer 1980, S. 11).

3. Die Idee der Kindheit

3.1. Der pädagogische Schonraum

Antipädagogik und antiautoritäre Erziehung wandten sich beide vehement gegen die zur damaligen Zeit üblichen Erziehungspraktiken. Aber es gibt einen wichtigen Unterschied zwischen beiden. Während die Antipädagogik das Kind von Anfang als – wenn auch nicht gleich erfahrenen, so doch gleichwertigen – kleinen Erwachsenen ansieht, der für sich die volle Verantwortung übernehmen kann, ist es ein wesentliches Element der antiautoritären Erziehung, dem Kind einen Schonraum zu schaffen, in dem es lernt zu handeln, ohne für die Folgen seines Tuns die volle Verantwortung übernehmen zu müssen. Dieser Schonraum ist durch Grenzen gegenüber dem „normalen" Handlungsraum der Erwachsenen abgetrennt.

Die Idee eines solchen Schonraums, in dem das Kind nach pädagogischen Gesichtspunkten – also nach Überlegungen von Erwachsenen, was gut für das Kind sei und was nicht – aufwachsen kann, ist für uns eng mit der Idee der Kindheit verbunden. Erziehung innerhalb dieses Schonraums, wie er von der Schule und der Familie gestaltet wird, ist gedacht als Lebensvorbereitung. Demgegenüber ist das Leben der Kinder in der Öffentlichkeit begrenzt und kontrolliert.

Dieser Schonraum hat in der Literatur unterschiedliche Namen gefunden, die jeweils verschiedene Aspekte akzentuieren. Mit dem Begriff „Permissivitätsraum" wird betont, daß in dieser Zeit vieles erlaubt ist, was Erwachsene nicht tun dürfen, und daß Kinder in dieser Zeit noch nicht für alle ihre Handlungen volle Verantwortung übernehmen müssen. Die Kinder sind aus dem normalen Leben ausgegliedert und in eine gleichsam künstliche Welt versetzt, in der sie angeleitet und erzogen werden. Man spricht dann von einer „pädagogischen Provinz" oder einem „pädagogischen Labor".

Allerdings ist diese Zeit keineswegs leistungs- und pflichtenfrei gedacht. Kinder sollen nicht verwöhnt werden, sondern beispielsweise durch Leistungsnachweise in der Schule zeigen, daß sie diese Zeit als Bildungszeit nutzen. Sie sind abhängig von den Erwachsenen, und ihr Spielraum für Selbstbestimmung ist gering. Es handelt sich um eine Wartezeit, ein „Moratorium", das auch schon deshalb keine Zeit des Müßiggangs sein soll, damit die Kinder von sich aus bestrebt sind, endlich erwachsen zu werden und durch gute Schulleistungen zu zeigen, daß sie nicht mehr Kind sind und damit endlich das Recht auf soziale Anerkennung als Erwachsene erworben haben.

Allerdings mögen Zweifel aufkommen, ob dieser Schonraum heute tatsächlich noch existiert. Zwar ist die Zeit des Lernens, die Zeit, bis der junge Mensch seine Berufsausbildung abgeschlossen hat und finanziell unabhängig ist, immer länger geworden. Doch stellt sich die Frage, ob es eigentlich noch eine deutliche Grenze zwischen dem Leben in diesem Moratorium und dem Leben des Erwachsenen gibt, ob beispielsweise der Druck, diese Zeit des Moratoriums hinter sich zu lassen, noch annähernd so groß ist wie früher und ob nicht auch Erwachsene immer mal wieder in eine Zeit eines solchen Moratoriums eintreten, beispielsweise, wenn sie Umschulungsmaßnahmen machen.

Ebenso interessant ist die Frage, ob es zu allen Zeiten die Idee gegeben hat, den Kindern und Jugendlichen einen solchen Schonraum zur Verfügung zu stellen. Diese Idee ist offensichtlich eng verbunden mit der Idee von Kindheit als einer besonderen Zeit, die von der Zeit des Erwachsenseins deutlich zu scheiden sei.

3.2 Kindheit und Erziehung — historisch gesehen

Schaut man in der Geschichte zurück, so wird man erkennen, daß ein für uns heute scheinbar so selbstverständlicher Tatbestand wie die Idee von Kindheit und Jugendalter als eines vom Erwachsenenalter abgegrenzten Lebensabschnittes keineswegs immer existierte. Erst nach dem Zerfall der mittelalterlichen Gesellschaft in Europa, also erst beginnend im 15. und 16. Jahrhundert, wurde allmählich die Idee von Kindheit als einer Periode des psychischen Erwachsenwerdens sowie die Idee des Kindes als eines Menschen in Entwicklung zum Erwachsenen erfunden und damit eng verbunden auch die uns vertraute Vorstellung von Erziehung.

Im Mittelalter gab es diesen – für uns zumindest bis in die 50er Jahre dieses Jahrhunderts so selbstverständlichen – prinzipiellen Abstand zwischen Erwachsenen und Kindern nicht. Sobald ein Kind sich allein fortbewegen und verständlich machen konnte, lebte es mit den Erwachsenen in einem informellen, natürlichen Lehrlingsverhältnis und lernte von ihnen, was es über die Welt, die Religion, die Sprache, die Sitte, die Sexualität oder das Handwerk wissen mußte. Kinder und Erwachsene trugen die gleichen Kleider, spielten die gleichen Spiele, verrichteten die gleichen Arbeiten, sahen und hörten die gleichen Dinge und lebten nicht in voneinander getrennten Lebensbereichen. Die dem Gemeinschaftsleben eigene Dynamik zog alle Altersstufen und Stände in ihren Sog, ohne irgend jemandem Zeit zur Einsamkeit oder zur Intimität zu lassen. Innerhalb dieser sehr intensiven, in hohem Maße kollektiven Lebensformen gab es keinen Raum für einen privaten Sektor. Die Familie sorgte für den Fortgang des Lebens, die Vererbung der Besitztümer, des Standes und des Namens. Eine weitere Differenzierung innerhalb der Gesellschaft und innerhalb der Familie existierte aber kaum.[1]

„Vor dem 16. Jahrhundert gab es keine Absonderung der verschiedenen Altersgruppen und keine eigene Welt für Kinder … Erwachsene und Kinder waren nie voneinander getrennt … Sie kannten dieselben Spiele, Geschichten, Tänze und denselben Zeitvertreib" (Farson 1975, S. 21). Die „Spezialisierung der Spiele" erstreckt sich gegen 1600 nur auf die frühe Kindheit; vom dritten oder vierten Lebensjahr an verwischt sie sich und hört dann ganz auf. Von da an spielt das Kind, sei es mit anderen Kindern, sei es im Kreise der Erwachsenen, dieselben Spiele wie die Großen (vgl. Ariés 1976, S. 137). Auf den Bildern des Malers Brueghel sind diese Verhältnisse anschaulich dargestellt: Frauen, Männer und Kinder trinken miteinander, essen miteinander, spielen miteinander, leben miteinander und schlafen miteinander.

1 vgl. von Hentig, Vorwort zu Philippe Ariés (1976), Seite 9 ff.

Zwar wurden auch im Mittelalter verschiedene Lebensabschnitte unterschieden, beispielsweise: Infantia (Kindheit), Pueritia (Knabenalter), Adoleszentia (Jugendalter), Juventus (Mannesalter), Gravitas (gesetztes Mannesalter) und Senectus (Greisenalter). Auch findet eine intensive Auseinandersetzung mit Fragen von Bildung und Erziehung statt. „In keiner Zeit", so schreibt Theodor Ballauff (1969, S. 423), „war man mehr durchdrungen von der Überzeugung, daß der Mensch ein lernendes Wesen ist. Durch Lernen wird er fähig, das Seinige zu tun, um Gottes Heil zu ergreifen." Diese Ideen richten sich aber an *alle* Menschen *jeden* Alters, richten sich an die Kinder Gottes, der letztlich der eigentliche Erzieher ist. Gott hat die Menschen nicht nur als seine Kinder ins Leben gerufen, sondern er erzieht sie auch. Er hat sogar das „Schulbuch" – die Bibel – für seine Kinder geschrieben. Der Lehrer hilft lediglich, die von Gott selber eingegebenen Samen zum Aufgehen zu bringen.

Erst nach dem gegen Ende des Hochmittelalters einsetzenden Verfall der gesellschaftlichen Einheitlichkeit des Mittelalters, mit der Lösung des „Ich" aus den gemeinschaftlich-traditionsgebundenen Bezügen und mit der „Geburt des Individuums" (vgl. Heer 1949, S. 251) entsteht allmählich die uns vertraute Form der Familie als Gemeinschaft mehrerer, voneinander getrennt zu betrachtender Generationen. In der Folgezeit verbreitet sich zunehmend die Idee, daß das Kind des Schutzes und der Erziehung bedürfe und ein Gegenstand ernster Verantwortung sei. Die Kindheit wird nun als die eigentliche Zeit der Formung des Menschen angesehen, als eine Zeit, die durch systematische Disziplinierung des Willens und Schulung des Geistes genutzt werden muß.

So schreibt Erasmus von Rotterdam (1466–1536) in seiner *Declamatio de pueris*:

„Die Natur, indem sie dir einen Sohn gab, übergab dir nichts anderes als eine rohe Masse; es ist deine Sache, der fügsamen und zu allem bildsamen Materie die beste Form zu geben: Wenn du es unterläßt, erhältst du eine Bestie. Wenn du sorgsam bist, erhältst du sozusagen einen Gott. Bald nachdem das Kind geboren ist, ist es für das, was dem Menschen eigentümlich ist, gelehrig. Demnach, gemäß dem vergilischen Wahrspruche: Gib dir von früh an besondere Mühe, bilde das Wachs, solange es weich ist, forme den

Ton, wenn er noch feucht ist, fülle den Krug mit köstlichem Naß, solange er neu ist. Färbe die Wolle, wenn sie schneeweiß vom Walker kommt, noch von keinem Flecken verunstaltet!"[2]

Und an anderer Stelle:

„Mühselig ist eine gute Erziehung der Kinder, das gebe ich zu."[3]

Die Vorstellung des Menschen als eines Individuums – und nicht als Teil einer Gemeinschaft – und die Idee des Kindes als eines noch unbeschriebenen Blattes, das formbar und zu entwickeln ist, dessen Zukunft offen und gestaltbar ist, verbanden sich mit dem Wunsch des Bürgertums, gesellschaftlichen Aufstieg durch persönliche Leistung zu erreichen. Damit aber kam der Erziehung der Kinder überragende Bedeutung zu. Die Wahrung des gesellschaftlichen Standes oder aber gesellschaftlicher Aufstieg waren nur durch eine planmäßige Erziehung zu erreichen.

So begründet sich – bis in unser Jahrhundert – das bürgerliche Interesse am Kind und seiner Zukunft. Das Kind wird aus dem gesellschaftlichen Leben und aus dem Umgang mit den anderen Generationen weitgehend herausgenommen und wächst in einer eigenen Kinderwelt, in einem pädagogischen Schonraum, einer „pädagogischen Provinz" auf in Distanz zum wirklichen Leben.

Vor allem Rousseau prägte die Vorstellung von der Notwendigkeit eines Schonraums, in dem die Kinder aufwachsen und durch den sie von der Realität ferngehalten und geschützt werden, um sie hier auf das Leben in der Gesellschaft vorzubereiten. In seinem berühmten, 1762 veröffentlichten Erziehungsroman *Emile oder Über die Erziehung*, der wie wohl kein anderes Buch die Vorstellung über Kindheit und Erziehung bis in die heutige Zeit beeinflußt hat, schrieb er u. a.:

2 Erasmus von Rotterdam (1879): Declamatio de pueris ad virtutem ac litteras liberaliter instituendis idque protinus a nativitate, per Desederium Erasmum Roterodamum. Vortrag über die Notwendigkeit, die Knaben gleich von der Geburt an in einer für Freigeborene würdigen Weise sittlich und wissenschaftlich ausbilden zu lassen. Ins Deutsche übers. u. mit Anm. vers. von August Israel. Zschoppau (Sammlung selten gewordener pädagogischer Schriften des 16. und 17. Jh., Bd. 2, Seite 8, zitiert nach Ballauf (1969)
3 dto.

„Die Natur will, daß Kinder Kinder sind, ehe sie Erwachsene werden. Kehren wir diese Ordnung um, so erhalten wir frühreife Früchte, die weder reif noch schmackhaft sind und bald verfaulen: wir haben dann junge Gelehrte und alte Kinder. Die Kindheit hat eine eigene Art zu sehen, zu denken und zu fühlen und nichts ist unvernünftiger, als ihr unsere Art unterschieben zu wollen. Ebensogut könnte man anstelle der Vernunft verlangen, daß ein zehnjähriges Kind fünf Fuß groß sei (die damalige Größe eines Erwachsenen, W. R.). Wozu soll ihm wohl die Vernunft in diesem Alter dienen?" (Rousseau 1971, S. 69)

Grundlage der Erziehung war für Rousseau – und auch damit hat er die nachfolgenden Jahrhunderte entscheidend beeinflußt – die „natürliche" Differenz zwischen dem Erwachsenen und dem Kind. Aufgabe des Erziehers sei es, dem Kind diese „natürliche Ordnung" zu vermitteln, es aber in einer „wohlgeordneten Freiheit" ohne Verbote und ohne Züchtigungen zu erziehen:

„Behandelt euren Zögling, wie es seinem Alter entspricht. Weist ihm von Anfang an seinen Platz zu und haltet ihn darin so fest, daß er gar keinen Ausbruch mehr versucht. Dann befolgt er schon die wichtigste Lehre der Weisheit, ehe er weiß, was Weisheit ist. Befehlt ihm nie und nichts, was es auch sein mag. Er darf gar nicht auf den Gedanken kommen, daß ihr irgendeine Autorität über ihn beansprucht. Er braucht nur zu wissen, daß er schwach ist und ihr stark seid, daß er also notwendigerweise von euch abhängig ist. Das muß er wissen, lernen und fühlen. Er soll früh das naturgewollte Joch fühlen, das schwere Joch der Notwendigkeit, unter das sich jeder Sterbliche beugen muß. Diese Notwendigkeit muß er immer in den Dingen, nie in den Launen der Menschen sehen. Der Zwang der Verhältnisse muß der Zügel sein, der ihn hält, nicht die Autorität." (Rousseau 1971, S. 70)

Unterstützt und verstärkt wurde diese Idee von Kindheit und Erziehung in einem besonderen Schonraum durch die Arbeitsbedingungen des Frühkapitalismus und die Entwicklung zur Kleinfamilie. Es kam zunehmend zur Auslagerung pädagogischer Funktionen in entsprechende Institutionen. Das Lernen durch das Leben war kaum noch möglich. Die Schule als Ort systematischen Lernens gewann an Bedeutung. Sie bildete – ebenso wie später der Kindergarten – einen Sonderraum für Kinder mit eigenen Gesetzen und übernahm zunehmend die Aufgaben von Erziehung, Bildung und Ausbildung, die sich die Familien zum Großteil nicht mehr leisten konnten. Allerdings hat sich diese Entwicklung in den verschiedenen Schichten der Bevölkerung zu sehr unterschiedlichen Zeiten vollzogen. Arbeiterfamilien blieben im 18. und weitgehend auch noch im 19. Jahrhundert auf die Mitarbeit der Kinder zum Lebensunterhalt angewiesen, was in diesen Kreisen die in bürgerlichen Familien vollzogene Entwicklung verhinderte.

Die Entwicklung eines Schonraumes für Kinder ging einher mit der Ausformung einer besonderen Spielsphäre und anderen kindertümlichen Merkmalen. Wichtiges Element aber war die Abtrennung dieses Schonraums von dem alltäglichen Miteinander und die Entwicklung einer Distanz zwischen Kindern und Erwachsenen, zwischen Kindheit und Erwachsensein. Kindheit wurde damit zu einer Zeit des Noch-nicht-erwachsen-Seins. Kind zu sein bedeutete die Aufgabe, erwachsen zu werden.

Darauf macht auch van den Berg aufmerksam, wenn er schreibt:

> „Das Kind war nicht da, es ist erst gekommen, wir haben es gemacht. Unsere Erwachsenheit hat eine solche Gestalt angenommen, daß das Kind kindlich sein muß – will es uns jemals erreichen können – und daß es einen komplexen Zeitabschnitt des psychischen Erwachsenwerdens durchmachen muß – wollen wir Erwachsenen den Eindruck haben, daß es bei uns ist, daß es wirklich an unserer… Erwachsenheit teilnehmen kann." (van den Berg 1960, S. 75)

Und später:

> „Ohne zu wissen und sicherlich auch ohne es zu wollen, hält der Erwachsene durch seine besondere Form der Erwachsenheit das Kind so lange wie möglich in seinem kindlichen und jugendlichen, auf jeden Fall nicht-verantwortlichen, d. h. unerwachsenen Zustand … Während das Kind probiert, zu den Erwachsenen zu gelangen, geht der Erwachsene mit einladender Gebärde rückwärts: Jedesmal setzt er dem Kind eine neue Lebensphase … vor, jedesmal entdeckt das Kind, daß es den Erwachsenen nicht erreichen kann. Bis die Gesellschaft endlich ihr ‚Fiat' gibt und Beruf und Ehe endlich zuläßt." (van den Berg 1960, S. 77 f.)

3.3 KINDHEIT HEUTE

Ein solcher Rückblick ist insofern interessant, als er zeigt, daß unsere Vorstellungen von Kindheit und Erziehung kulturell geprägt und keineswegs zwangsläufig, ja noch nicht einmal besonders alt sind. Die Überzeugung, Erziehung habe in einer Art „Labor" zu erfolgen, Lernen sei vom Leben zu trennen, in Schulen vorzunehmen und zeitlich dem Beruf vorzulagern, sei Vorbereitung auf das „wahre" Leben, darum prinzipiell Sache der ersten Lebensphasen von Kindheit und Jugendalter, Kinder und Jugendliche seien zugleich von Arbeit und Politik fernzuhalten – all diese Überzeugungen sind mögliche Ideen, aber keineswegs zwingende.

Um so mehr interessiert die Frage, ob diese überkommenen Ideen von Kindheit und Erziehung noch in unsere Zeit passen, ob sie den Realitäten unseres heutigen Lebens noch entsprechen, ob sie unter den heutigen Bedingungen überhaupt noch möglich sind.

Um es noch einmal zusammenzufassen: Zu Beginn der Neuzeit beginnt eine Entwicklung, in der Kinder nicht mehr als kleine Erwachsene angesehen werden, sondern Kindheit und Erwachsenenalter deutlich unterschieden wird. Diese Unterscheidung wird letztlich zur Basis für alle pädagogische Einflußnahme auf Kinder. So unterschiedlich die Erziehungsmaßnahmen im Laufe der folgenden Jahrhunderte auch gewesen sind, ist doch ein grundsätzlicher Faktor immer gleich geblieben: Die Erziehung erfolgte in einem besonderen pädagogischen Raum, der in erster Linie zum Schutz der Kinder gedacht war und in dem Kindern erlaubt war zu handeln, ohne die volle Verantwortung für ihr Tun übernehmen zu müssen. Entsprechend wird von einem pädagogischen Schonraum gesprochen oder einem Permissivitätsraum, einem pädagogischen Labor oder einer pädagogischen Provinz – einem Raum, in dem Kinder Dinge tun konnten, die Erwachsenen nicht erlaubt waren, der aber auch von dem Raum der Erwachsenen deutlich abgegrenzt war. Der Schutz bestand u. a. darin, daß Kindern unter der Kontrolle der Erwachsenen erst nach und nach ein bestimmtes Maß an Informationen zugänglich gemacht wurde, und zwar so behutsam und in so geschickter Form, daß sie das – so die Vorstellung – psychisch verarbeiten konnten. Das heißt: Es ging um kontrollierte Wissensvermittlung und folgerichtiges Lernen. Der eigenständige Zugang zu diesen Informationen blieb den Kindern versperrt, insbesondere so lange sie noch nicht lesen konnten. Denn insbesondere das Lesenlernen war ein wichtiger Schritt, den allmählichen Zutritt zur Erwachsenenwelt zu erwerben.

In dieser Hinsicht nun haben die neuen Medien, insbesondere das Fernsehen, zweifellos völlig neue Bedingungen geschaffen. Kindern ist die Welt der Informationen heute nicht mehr verschlossen, bis sie lesen gelernt haben. Durch das Medium Fernehen werden sie über alle Lebensbereiche und alle Lebensaspekte informiert. Der prinzipielle Wissensvorsprung der Erwachsenen ist verlorengegangen. Das betrifft insbesondere auch Bereiche von Intimität und Sexualität, die früher für Kinder tabuisiert waren. Erwachsene haben in dieser Hinsicht heute kein Geheimnis mehr zu bewahren. Kinder werden im Fernsehen über alle Bereiche von Liebe und Sexualität informiert. Spielfilme geben schon früh Einblick in die Art, wie Erwachsene ihre Beziehung gestalten, wie sie lieben und hassen, streiten und morden. All diese Beobachtungen haben dazu geführt, vom „Verschwinden der Kindheit"[4] zu sprechen – und tatsächlich gibt es noch eine Fülle von weiteren Hinweisen, die die Berechtigung einer solchen Aussage unterstreichen.

Aber man kann die Situation auch von der anderen Seite her, von der Seite der Erwachsenen betrachten: Nicht nur der Wissensvorsprung der Erwachsenen ist via Fernsehen tendenziell egalisiert worden. Die Idee, daß Kinder lernen müssen, bis sie erwachsen sind, und Erwachsensein dadurch gekennzeichnet ist, das man „ausgelernt" hat, wirkt in heutiger Zeit bereits wie ein Relikt aus lang vergangenen Tagen. Gegenteilig werden die Erwachsenen zu lebenslangem Lernen aufgerufen und – so Forschungsminister Rüttgers – zu der Bereitschaft, gegebenenfalls dreimal in ihrem Leben einen neuen Beruf aufzunehmen. Erwachsene legen aber auch nicht mehr so großen Wert auf ihr Erwachsensein wie in früheren Zeiten, in denen es schlicht undenkbar gewesen wäre, daß ein Erwachsener sich mit Spielzeug in der Öffentlichkeit gezeigt hätte, beispielswei-

4 Postman (1987, S. 7) Andere Autoren sprechen von einer „Liquidierung der Kindheit" und von der „Kindheit als Fiktion" (Hengst 1981) oder von einer „Aushöhlung der Kindheit" (Suransky 1982). Vgl. auch Schaefer-Hagenmaier (1994).

se mit Inline-Skatern oder einem Tretroller durch die Innenstadt gefahren wäre.

Und so erscheint es ebenso berechtigt, statt von einem Verschwinden der Kindheit von einem Verschwinden der Erwachsenheit zu sprechen, etwas unfreundlich formuliert: von einer Infantilisierung der Erwachsenen.[5]

Von welcher Seite man es auch betrachtet: Die Differenz zwischen Erwachsenen und Kindern hat sich zweifellos stark verringert. Erwachsene und Kinder – beide müssen ihr Leben lang lernen. Die Entwicklung ist nicht abgeschlossen, wenn das Erwachsenenalter erreicht ist. Während früher beispielsweise die Entwicklungspsychologie sich allein mit Kindheit und Jugendalter beschäftigte, hat sie heute auch das Erwachsenenalter und das Alter zu ihrem Thema gemacht.

Kinder haben auch kaum noch die Chance, an den Erfahrungsvorsprung der Erwachsenen zu glauben. Sie beobachten im Fernsehen täglich die Berichte über kriegerische Auseinandersetzungen, sie erleben eine „Streitkultur", in der es um Streiten und nicht um Lösungen geht, sie werden mit Katastrophenvisionen ökologischer Art vertraut gemacht, denen die Erwachsenen hilflos oder gleichgültig gegenüberstehen. Die Illusion (und mehr war es früher natürlich auch nicht!), die Erwachsenen hätten die Welt im Griff, ist für sie nicht aufrechtzuerhalten. Im Gegenteil: Die Kinder werden sehr früh mit den (ungelösten) Erwachsenenproblemen konfrontiert. Zudem ist die Sicherheit überkommener Regeln, Ideen und Lebensformen verlorengegangen. Kinder werden mit einer Fülle sich widersprechender Ansichten und Meinungen überhäuft, was sie zu Entscheidungen zwingt. Sie müssen früher die Verantwortung dafür übernehmen, die ihnen passend erscheinende Sichtweise auszuwählen und die für sie angemessene Handlung daraus abzuleiten. Kindliche Unbekümmertheit und eine ungestörte Orientierung auf sich selbst und die eigene Entwicklung, die typischen Kennzei-

---

5 Treml in einem Vortrag auf den 8. Viersener Therapietagen 1996; entsprechend: Ernst (1977) mit dem Titel: „Kinder-Country. Auf dem Weg in eine infantile Gesellschaft"; mit einem etwas anderem Akzent: Bly (1997) in seinem Buch mit dem Originaltitel *The Sibling Society* (also: Die Geschwister-Gesellschaft), das im Deutschen leider den Titel *Die kindliche Gesellschaft* bekam.

chen von „Kindheit", sind unter diesen Voraussetzungen kaum möglich.

Kinder haben aber auch – zumindest in den Städten – keinen geschützten Raum mehr, in dem sie „Kinder" sein können. Entsprechend sind die traditionellen Kinderspiele fast völlig verschwunden. Die Nutzung des öffentlichen Raums durch Kinder ist an rigide Restriktionen gebunden, an Erwachsenenregeln, an die sich die Kinder beispielsweise im Straßenverkehr zu halten haben, wenn sie denn überleben wollen. Kindheit wird bestenfalls ins Haus gedrängt und findet dann dort vor dem Fernseher statt, weil es auch im Haus kaum Raum für Kinder gibt (in Standardwohnungen sind Kinderzimmer immer noch die kleinsten Räume).

Auch die Mode spiegelt den Weg vom Entstehen der Kindheitsidee bis zu ihrem Verschwinden in der heutigen Zeit. Im 16. und 17. Jahrhundert ist erstmalig zu beobachten, daß Kinderkleidung sich deutlich von der Erwachsenenkleidung unterscheidet. Diese Unterschiede in der Mode werden dann etwa bis Mitte dieses Jahrhunderts tradiert. Heute aber beobachten wir keinen prinzipiellen Unterschied mehr zwischen Kinder- und Erwachsenenkleidung, tragen Kinder die gleiche Designerkleidung wie Erwachsene und Unterschiede liegen nur noch in der Größe. Dementsprechend ist es für kleingewachsene Erwachsene kein Problem, in der Kinderabteilung die geeigneten Kleidungsstücke zu finden. Auch Verhalten, Sprache, Einstellungen und Wünsche von Kindern und Erwachsenen unterscheiden sich immer weniger. Die Werbung hat auf beide gleichermaßen prägenden Einfluß.

Offensichtlich läßt sich nicht leugnen, daß die überkommene Idee von Kindheit den heutigen Realitäten nicht mehr entspricht. Insbesondere erscheint es nicht mehr möglich, den Kindern ein Lebensumfeld zu gestalten, in dem der Erwachsene das Ausmaß an Informationen, das seiner Überzeugung nach für das Kind im jeweiligen Lebens- und Entwicklungsalter bekömmlich ist, dosiert und ihm einen geschützten Raum gestaltet für kindliches Spiel, für kindliches Probehandeln in Vorbereitung auf das „wirkliche" Leben. Kinder werden vielmehr früh mit den Realitäten konfrontiert und müssen sich damit auseinandersetzen. Der traditionelle Schonraum „Kindheit" mag heute vielleicht noch für Vorschulkinder, in begrenztem Maße für Grundschulkinder existieren, für ältere Kinder existiert er vor allem noch in Form der Schule, im übrigen ist er weitgehend verlorengegangen.[6]

Spätestens mit ca. zehn Jahren – und natürlich gibt es eine große individuelle Schwankungsbreite – beginnt eine Lebensphase, in der das Kind die grundlegende Differenz zum Erwachsenen, die Basis der herkömmlichen Erziehung, nicht mehr oder nur noch sehr bedingt akzeptiert, in der es sozusagen eine Jugendliche wird mit Anspruch auf eine partnerschaftliche Beziehung zum Erwachsenen. Es ist eine „Jugendzeit" entstanden, die relativ früh beginnt und aufgrund der langen Ausbildungszeiten teilweise weit ins dritte Lebensjahrzehnt anhält, in der der junge Mensch von den Eltern (oder vom Staat) finanziell abhängig ist. Es handelt sich um eine – wenn man die herkömmlichen Begriffe wählen will – nach vorne und nach hinten ausgedehnte „Jugendzeit", deren Charakterisierung und Beschreibung jedoch im einzelnen unklar ist.

Der Entwicklungspsychologe David Elkind beschrieb schon 1994 genau diesen Sachverhalt und meinte, daß „Familie" neu definiert und die Aufgaben von Eltern und Kindern neu bestimmt werden müßten. Weil Eltern in ihren Bedürfnissen immer kindlicher würden und weil sie selbst verzweifelt nach Orientierung und Zuwendung suchten, müßten Kinder schneller heranwachsen. Die Zeit der eigentlichen Kindheit schrumpfe, dafür verlängere sich für alle die Adoleszenz auf Lebenszeit.

3.4 Das Scheitern herkömmlicher Erziehung

Die im Vorangegangenen aufgezeigte gesellschaftliche Entwicklung soll hier nicht gewertet werden. Es wurde lediglich der Versuch unternommen, sie möglichst nüchtern nachzuzeichnen, da das Phänomen der Erziehungsunsicherheit so auffallend erscheint, daß kurz gegriffene Erklärungen nicht reichen. Die aufgezeigte Entwicklung jedoch macht das Phänomen plausibel: Durch das weitgehende Verschwinden der Differenz zwischen Kindern und Erwachsenen wurde der Erziehung ihre Basis entzogen bzw. der Zeitraum, in der die-

6 vgl. Giesecke (1996); Saporiti A. u. G. B. Sgritta (1990): Childhood as a Social Phenomenon. National Report Italy. Eurosocial Report 36/2. Vienna (European Centre); Quortrup (1993)

se Basis gegeben ist, sehr eingeschränkt. Einfach ausgedrückt: Nur solange es eine Kindheit in überkommener Form gab, solange konnte es auch Elternschaft und Erziehung in traditioneller Weise geben. Dementsprechend wird dann auch das „Ende der Erziehung" beschrieben, teils als beklagenswerte Tatsache (Postman 1987), teils als Forderung, die dem Wandel gesellschaftlicher Entwicklungen Rechnung trägt (Giesecke 1985).

Auffallend erscheint in diesem Zusammenhang insbesondere, daß viele Eltern und ErzieherInnen sehr unvermittelt schwanken zwischen einerseits relativ großzügigem Gewähren von Freiheiten und Vergünstigungen und andererseits plötzlichen Anforderungen an die Selbstverantwortung und Entscheidungsfähigkeit des Kindes. Dem Kind werden lange Zeit sehr weitgehende Freiheiten gewährt. Wenn es dann aber zu einem bestimmten Zeitpunkt nicht die „vernünftigen" und „richtigen" Entscheidungen trifft, erfolgen erzieherische Maßnahmen, denen das Kind häufig nicht nachkommt. Dies führt anschließend relativ rasch zu Resignation auf Seiten der Eltern und ErzieherInnen, obwohl die erzieherischen Maßnahmen und Ziele als solche durchaus logisch begründet und überlegt, keineswegs bösartig oder unberechtigt sein mögen.

Die Schwierigkeiten scheinen sich daraus zu ergeben, daß viele Eltern und ErzieherInnen in ihren Vorstellungen noch sehr geprägt sind von der überkommenen Kindheitsidee, der sie mit der Gewährung entsprechender kindlicher Freiheitsmöglichkeiten Raum geben. Sie ziehen aber nicht hinreichend in Rechnung, daß sich diese Zeit wesentlich verkürzt hat. Damit führen sie das Kind nicht in ausreichendem Maße an die heute so viel früher eintretende Zeit heran, in der es persönliche Entscheidungen zu seinem Nutzen eigenständig fällen muß. Alte Ideen von glücklicher, unbeschwerter Kindheit hindern daran, rechtzeitig genug Eigenständigkeit zu fördern und die angemessene Erledigung von selbständig zu leistenden Aufgaben zu fordern.

Hermann Giesecke beschreibt denselben Tatbestand und sieht

> „die Jugendphase heute gekennzeichnet durch eigentümliche Widersprüche zwischen dem längst erreichten und auch eingeforderten Erwachsenenstatus auf der einen Seite und den Resten des ehemaligen Moratoriums auf der anderen Seite; diese kommen insbesondere darin zum Ausdruck, daß in Schulen und Hochschulen

versucht wird, die Leistungsanforderungen entweder herabzusetzen oder mit einem teilweise immensen didaktisch-methodischen Aufwand zu minimieren. Dieser Widerspruch bringt junge Leute in die Versuchung, Forderungen zu stellen, wo sie ihnen von Nutzen sind oder zumindest Annehmlichkeiten verschaffen, aber Anforderungen oder Pflichten zurückzuweisen, wo sie ihren Ansprüchen widersprechen: Sie werden in den pädagogischen Institutionen – z. B. in den Familien und Schulen – erwachsen und noch nicht erwachsen zugleich behandelt. Daraus entsteht nicht selten ein Verhältnis der wechselseitigen Ausbeutung: Die Eltern und Berufspädagogen beziehen ihre Identität weitgehend aus der Infantilisierung des Nachwuchses, und dieser lebt ganz gut davon, daß ihm auf diese Weise wichtige Pflichten des Erwachsenenstatus vorenthalten werden." (Giesecke 1996, S. 86)

Um es noch einmal zusammenzufassen: Für Eltern, LehrerInnen und ErzieherInnen ist es unerläßlich, zur Kenntnis zu nehmen, daß sich die Rahmenbedingungen für Erziehung geändert haben. Kinder in einem geschützten pädagogischen Raum, abgeschirmt vor den Realitäten der Welt, bis zu einem Alter von vierzehn oder gar achtzehn Jahren aufwachsen zu lassen ist nicht mehr möglich. Kindheit in diesem Sinne endet spätestens gegen Ende des ersten Lebensjahrzehntes. Ob diese Entwicklung gut oder schlecht ist, ob sie zu beklagen oder zu begrüßen ist, bleibe dahingestellt und kann von jedem unterschiedlich bewertet werden. Eltern, LehrerInnen und ErzieherInnen werden jedoch nicht umhin kommen, sich auf diese veränderte Situation einzustellen. Wer das nicht tut, den bestraft das Leben (oder das Kind), weil er das Kind nicht rechtzeitig dazu befähigt, in partnerschaftlicher Weise Rechte und Pflichten gleichermaßen eigenverantwortlich zu tragen. Wer mit diesem Einüben erst bei der zehnjährigen „Jugendlichen" beginnt, die nicht mehr das Gefühl hat, ein zu erziehendes Kind zu sein, und deshalb Erziehung – legitimerweise – weitgehend ablehnt, der macht dem Kind das Leben schwer und sich selber auch.

Neben dieser generellen Beobachtung, daß Kindheit heute schon mit relativ jungen Jahren endet, ist – wie oben dargestellt – zu berücksichtigen, daß die Trennung zwischen Kindern und Erwachsenen grundsätzlich weniger scharf geworden ist. Dieser Tatbestand fügt sich in die allgemeine Beobachtung ein, daß der Lebenslauf heute insgesamt nicht mehr in übersichtliche Blöcke gegliedert ist, denen jeweils feste und eindeutige Rollenerwartungen zugeordnet waren. Das Leben erfordert heute vielmehr die Bereitschaft zu einem ständigen Rollenwechsel, so daß es eher einem Rollenmosaik gleicht, in dem der einzelne je nach Situation die angemessene Rolle übernimmt. So begibt sich der Manager in die Rolle des Schülers, wenn er ein Weiterbildungsseminar beispielsweise über Personalführung oder Qualitätsmanagement belegt. Grundlegende Voraussetzung eines solchen Seminars ist – entsprechend der Situation in der Schule –, daß die Rollen Lehrer und Lernende klar getrennt sind. Damit er sich weiterbilden und lernen kann, übernimmt der Manager, der sonst eher der Lehrende für seine Mitarbeiter ist, die Rolle des Lernenden. Auch die 25jährige Studentin übernimmt je nach Situation ganz unterschiedliche Rollen: Einmal die Rolle der Erwachsenen in ihrer privaten Liebesbeziehung, dann wieder die Rolle der im Schonraum Lernenden in der Universität, wo wieder die klare Rollentrennung LehrerIn – Lernende vorgegeben ist. Ebenso muß der 13jährige Junge aus einem Unterschichtsmilieu die Rolle eines erwachsenen, selbstverantwortlich Handelnden im Umgang mit Drogen (Nikotin, Alkohol, illegale Drogen etc.) übernehmen, während er sich im häuslichen Milieu oder aber in der Schule in der Rolle des Kindes erzieherischen Maßnahmen öffnen soll.

Dieses Fehlen einer klaren Gliederung des Lebenslaufes und die Notwendigkeit einer eigenen Sinngebung in unterschiedlichen Situationen erfordert vom Einzelnen eine sehr hohe Flexibilität; es verlangt die Fähigkeit zur Rollenvielfalt und zum Erkennen der jeweils situativ angemessenen Rolle. Auch in dieser Hinsicht ähneln sich die Anforderungen, die an das Schulkind und den Erwachsenen in unserer heutigen Gesellschaft gestellt werden in grundsätzlicher Weise. Das gilt, auch wenn das Schulkind eben häufiger noch die Rolle des Lernenden und zu Erziehenden wählen wird und wählen muß, will es nicht in seiner Entwicklung Schaden nehmen. Aber die Selbstverständlichkeit dieser Rolle ist nicht mehr gegeben, d. h. es ist in viel höherem Maße als früher eine eigenständige Entscheidung des Kindes, lernen zu wollen und sich erziehen zu lassen. Das bedeutet aber: Im Grunde genommen muß das Kind eine erwachsene Entscheidung treffen, um die innere Bereitschaft für Bildung und Erziehung selbst herzustellen. Wenn diese Faktoren nicht berücksichtigt werden, wird Erziehung mit hoher Wahrscheinlichkeit scheitern.

4. Erste Anregungen für eine neue Erziehung

4.1 Anregungen zu einer neuen Beziehung zwischen Kindern und Erwachsenen

Wer heute über das Verhältnis von Kindern und Erwachsenen nachdenkt, muß zunächst einmal zur Kenntnis nehmen, daß unsere traditionelle Vorstellung von Kindheit nicht – wie Rousseau glaubte – ein naturgegebenes Phänomen ist, sondern eine soziale Konstruktion darstellt. Diese Kinder-Erwachsenen-Beziehung hat es in dieser Art nicht immer gegeben, und es gibt keinen Grund anzunehmen, daß sie zwangsläufig so weiter bestehen müsse. Wie oben dargestellt, sind die Grundlagen sehr ins Wanken gekommen, was Grund genug zu sein scheint für die heute um sich greifende Erziehungsunsicherheit.

Angesichts dieser Diskussionen werden von unterschiedlichen Seiten zwei verschiedene Lösungen proklamiert: Von der einen Seite wird gefordert, das alte Verhältnis zwischen Kindern und Erwachsenen wieder herzustellen, d. h. die überkommene Trennung von Kindheit und Erwachsenheit wieder zu restaurieren, wieder Eltern und ErzieherInnen zu sein, damit Kinder Kinder sein können. Von der anderen Seite wird demgegenüber verlangt, die Unterscheidung zwischen Kindern und Erwachsenen ganz aufzugeben und die Kinder als junge Erwachsene zu betrachten, die – wie es eben bis zum Ende des Mittelalters üblich war – durch gemeinsames Leben mit den Erwachsenen in die Erwachsenenwelt hineinwachsen. So formuliert Hermann Giesecke (1985) in seinem Buch *Das Ende der Erziehung:* „Meine These ist nun, daß der Zeitpunkt gekommen ist, daß wir – abgesehen von den ersten Lebensjahren – von der Idee der ‚Kindlichkeit des Kindes' Abschied nehmen müssen, damit auch vom traditionellen Begriff von ‚Erziehung' und daß wir gut daran tun, Kinder wieder wie kleine, aber ständig größer werdende Erwachsene zu behandeln" (Giesecke 1985, S. 10).

Doch scheint es lohnend, darüber nachzudenken, ob diese beiden Alternativen, die letztlich Rückgriffe auf Eltern-Kind-Beziehungen früherer Zeiten darstellen, tatsächlich die einzigen denkbaren Möglichkeiten sind oder ob es nicht neue Wege einer Kinder-Erwachsenen-Beziehung gibt, die zukunftsweisender und zukunftsträchtiger sein könnten. Um Anregungen für eine solche Kinder-Erwachsenen-Beziehung zu entwickeln, soll noch einmal ein kurzer historischer Rückblick vorgenommen werden.

Rousseau bestand – wie oben gezeigt – erstmalig auf einem Eigenrecht der Kindheit als einer von dem Erwachsenenalter unterschiedenen Phase, und er verlangte einen altersgemäßen Umgang mit den Kindern. Mit Rousseau begann nun nicht nur das Zeitalter der Erziehung, sondern es begann zu gleicher Zeit auch das Zeitalter des wissenschaftlichen Denkens in unserem heutigen Sinne. Die Entwicklung des wissenschaftlichen Denkens und die Durchsetzung einer Konstruktion von Kindheit, die in dem Kind zugleich das nicht vernünftige Wesen sah und es für erziehungs- und bildungsfähig hielt, gingen miteinander parallel und verstärkten sich wechselseitig. Damit wurde die Grundlage gelegt für die empirische Psychologie und die geisteswissenschaftliche Pädagogik. Das „Objekt" Kind wurde von nun an erforscht, und die genaue Kenntnis des „Objektes" weckte die Idee, man könne es planen und beherrschen, man könne Kinder so herstellen, so machen, wie man sie haben wolle. Abweichungen davon galten als Störungen oder auch als Ärgernisse, wurden zu Problemen für Experten. Die Entwicklung wurde als ständiger Fortschritt vom Säugling zum Erwachsenen gesehen. Sie wurde objektiv beobachtet und detailliert vermessen (vgl. Scholz 1994).

Die Ausformung der Ideengeschichten von Kindheit einerseits und von Wissenschaftlichkeit andererseits, die sich beide vielfältig miteinander verschränkten, legte die Basis für die prinzipielle Vorstellung, daß richtige Erziehung das richtige Kind produziere, daß es sich umgekehrt um einen Produktionsunfall handele, wenn das Kind nicht richtig werde. Erinnert sei nur an das noch gar nicht lang zurückliegende leidenschaftliche Plädoyer von Skinner, daß durch die richtige Anwendung wissenschaftlicher Methoden in der Erziehung jedes erzieherische Ergebnis zu erreichen sei. Etwas populär-wissenschaftlicher schlugen sich diese Vorstellungen nieder in einer umfangreichen Literatur über Erziehungsfehler.

Nun sind wir aber auch in der Wissenschaft zu einem Punkt gelangt, an dem eine derartig naive Wissenschaftsgläubigkeit weitgehend verlorengegangen ist. Die Idee der Trennbarkeit von Beobachter und beobachtetem Objekt ist seit Heisenbergs Unschärferelation sogar in der „harten" Wissenschaft Physik nicht mehr haltbar, geschweige denn in den sozialen Wissenschaften[1]. Und die Systemtheorie verweist darauf, daß der Beobachter immer Teil des von ihm Beobachteten ist und objektiv dementsprechend immer nur ein relativer Begriff, Objektivität nur eine „Objektivität" in Anführungsstrichen sein kann.

Das bedeutet aber auch, daß das Kind aus systemisch fundierter Überzeugung nicht als ein vom Beobachter unabhängiges erzieherisches oder wissenschaftliches Objekt anzusehen ist. Das Kind ist vielmehr zu betrachten als einerseits autonomes, eigenständiges Lebewesen eigenen Rechts, das andererseits jedoch nicht unabhängig von seiner Umwelt – sei es eine erzieherische, eine politische oder eine wissenschaftliche Umwelt – verstanden werden kann.

Aus systemtheoretischer Sicht ist das Ja–Nein, das Entweder–Oder der Newtonschen Mechanik, das sich in der Technik der letzten Jahrhunderte zweifellos bewährt hat, zur Erfassung komplexer Zusammenhänge, beispielsweise des Verhaltens und der Beziehungen von Lebewesen, ganz ungeeignet. Dementsprechend ist die Entweder-oder-Alternative der Wiederherstellung der überkommenden Trennung zwischen Kindern und Erwachsenen oder aber der völligen Gleichstellung der Kinder mit den Erwachsenen unangemessen und einer Lösung nicht förderlich. Vielmehr zwingt sy-

---

1 Dementsprechend verweisen Oelkers und Tenorth (1987, S. 31) auf einen „Problemrückstand" der Pädagogik gegenüber der modernen Physik und schreiben in diesem Zusammenhang: „Aber mehr noch als das: Ihre zentralen Aspirationen, die in dem Satz zusammenkommen, der Mensch müsse ‚zum Menschen' *erzogen* werden, sind verständlich nur auf dem Hintergrund einer mechanischen Kausalität, die am Vorbild der klassischen Physik gewonnen wurde. Relativiert man dieses Vorbild, kann nicht länger die Erziehung in einer Zweck-Mittel-Relation instrumentell gedacht und zur zielgerechten Verbesserung von Mensch und Menschheit eingesetzt werden."

stemisches Denken zu einem Sowohl-als-auch, zur Einnahme des dritten, die beiden Alternativen vereinigenden Punktes im Sanderschen Dreieck[2], nämlich dazu, daß die Erwachsene das Kind sowohl als den gleichwertigen Menschen und Partner sieht mit gleichberechtigten Wünschen und Bedürfnissen und gleichem Recht auf Meinungsäußerung als auch als erziehungs- und bildungsbedürftiges Kind, das noch klein ist, vieles noch nicht kann und weiß und der Anregung und Unterstützung seitens der Erwachsenen bedarf. Die Erwachsene sieht das Kind danach als ihr gleich und doch als verschieden, eben als Kind.

Natürlich liegt darin ein gewisser Widerspruch; aber um die ganze Breite des Geschehens zu erfassen, müssen wir diesen Widerspruch nicht beseitigen, sondern aushalten und konstruktiv nutzen. Dies bedeutet: Die – erziehende – Erwachsene handelt mit dem Kind als Partner und erkennt es als autonom Gleichberechtigten an. Zugleich sieht sie die Anleitungs- und Unterstützungsbedürftigkeit des Kindes und erzieht es, indem sie ihm Lernen ermöglicht und es damit in die Kultur einführt. Das Kind ist damit nicht mehr Objekt erzieherischer Bemühungen, sondern bleibt Subjekt seines Lebens und seiner Entwicklung. Erziehen wird dann verstanden als ein interaktiver Prozeß, in dem die Handlungen aller beteiligten Partner gleich wichtig sind, auch wenn Kinder und Erwachsene unterschiedliche Rollen und Aufgaben haben.

G. Scholz (1994) illustriert dieses Verhältnis zwischen dem Kind und der Erwachsenen in der Erziehung am Beispiel des Mitspieltheaters: Die Erwachsene spielt gemeinsam mit dem Kind, und dabei werden ihre Spielzüge von denen des Kindes ebenso beeinflußt, wie sie die Spielzüge des Kindes bestimmt. Die Erwachsene aber ist SpielerIn und RegisseurIn zugleich. Sie spielt und weiß zugleich, daß sie spielt und was sie spielt und warum sie spielt. Sie kennt die möglichen Spielszenen wie auch die Bedingungen und Strukturen des Spiels. Sie ist deshalb in der Lage und es ist ihre Aufgabe, Spielhandlungen vorzuschlagen. Die Verantwortung für das Spiel ist also ungleich verteilt. Das Spiel lebt davon, daß beide Spieler jeweils si-

---

2 Friedrich Sander war bis 1959 Ordinarius für Psychologie in Bonn (zuvor Leipzig) und Vertreter der Gestaltpsychologie, die sich um ein Verständnis komplexer Phänomene bemühte und insbesonders Erlebens- und Verhaltensprozesse als Ganzheiten zu erforschen suchte.

tuativ aufeinander hören und aufeinander reagieren, jeder improvisieren und neue Ideen in das Spiel bringen kann. Das heißt: Auch das Kind kann neue Spielhandlungen in das Spiel hineintragen, und es ist nicht zuletzt die Aufgabe der Erwachsenen, das Kind im Spielen über die inneren Strukturen des Spiels aufzuklären. Der Verlauf und der Ausgang des Spiels ist nicht planbar und nicht vorhersehbar. Wie das Spiel sich aber auch entwickelt: Es läßt sich nicht um einen Mitspieler, beispielsweise die Erwachsene, reduzieren, um damit – entsprechend der herkömmlichen Idee der Wissenschaft – zu einer Darstellung allein des anderen, des Kindes, zu kommen.

4.2 Erzieherische und politische Konsequenzen

Folgt man den obigen Anregungen für eine neue Beziehung zwischen Kindern und Erwachsenen, so bedeutet das, Kinder immer gleichzeitig sowohl als „Seiende" als auch als „Werdende" zu sehen. Das hieße, die Bemühungen der Erwachsenen müßten sich darauf richten, die Kinder in ihrer Art, die Welt zu sehen und zu begreifen, ernst zu nehmen und zu respektieren. Die Erwachsenen müßten für die kindliche Sichtweise echtes Interesse zeigen (Kinder als „Seiende") – statt sie als drollige, niedliche, erheiternde „Dummheit" zu betrachten – und ihm gleichzeitig doch die unter Erwachsenen übliche Perspektive erläutern (Kinder als „Werdende") (vgl. Wilk 1994).

Das Neue an dieser Art der Kinder-Erwachsenen-Beziehung wird erkennbar, wenn man sich verdeutlicht, daß bislang nicht eigentlich das Kind im Mittelpunkt des Interesses stand, sondern vielmehr der erwachsene Mensch, der es einmal werden sollte. Das Kind war demzufolge eher ein Mangelwesen, aus dem man – eben durch Erziehung – einen vollwertigen Menschen erst machen mußte. Kindheit war ein defizitärer Zustand, den es durch den Einsatz geeigneter Maßnahmen zu überwinden galt.

Aus der traditionell erwachsenen-zentrierten Sicht wurden die Handlungen der Kinder in Vergleich gesetzt zu denen Erwachsener und damit als noch unzureichend, unfertig und unvollkommen bewertet. Dies verhinderte weitgehend, das Kind in seinem „So-Sein" überhaupt wahrzunehmen, seine Kreativität und die noch wenig eingeschränkte Vielfalt seiner Ideen, den noch ungehemmten Einfallsreichtum in den Handlungen des Kindes zu sehen.

Beispielhaft wurde der Säugling lange Zeit lediglich in seiner existentiellen Abhängigkeit wahrgenommen und als passives, noch undifferenziertes, seinen Trieben ausgeliefertes, autistisches, d. h. ganz auf sich bezogenes Wesen beschrieben. In dem Augenblick jedoch, als es gelang, den Säugling in seinem „So-Sein" zu beobachten, wie dies die moderne Säuglingsforschung versucht, erschien er als aktiv, differenziert und beziehungsfähig. Auf einmal wurde er als junger Mensch mit vielfältigen Fähigkeiten und differenzierten Gefühlen wahrgenommen, vor allem aber auch als ein ausgeprägt soziales Wesen erkannt, das mit seinem Verhalten die Geschehnisse in seiner Umwelt zu beeinflussen sucht, tatsächlich ja auch nicht selten das Leben in seiner Familie bestimmt. Es wurde deutlich, daß er Reize und Anregungen, die er für seine Entwicklung benötigt, in seiner Umwelt aus eigener Aktivität auslöst, sich aber auch abzuschirmen vermag, wenn er mit Reizen überflutet wird (vgl. Stern 1996 und Dornes 1992).

Unter der traditionellen Sicht auf das Kind als einen noch unfertigen „großen" Menschen vermochten die Erwachsenen weder die Art und Weise, wie Kinder die Welt sehen, als gleichwertig anzuerkennen und zu würdigen, noch die Gefühle von Kindern, vor allem den Kummer, die Angst, die Verzweiflung angesichts ihrer aktuellen Probleme ernst zu nehmen (zumal unter der Erwachsenen-Idee von glücklicher, unbeschwerter Kindheit), eben: Kinder als „Seiende" wahrzunehmen, und nicht nur als „Werdende", die noch nicht mit dem Ernst des Lebens konfrontiert sind.

Aus systemtheoretischer Sicht sind jedoch keine einleuchtenden Gründe erkennbar, warum die Funktionsbedingungen und die Funktionsweise von Kindern geringer oder schlechter bewertet werden sollten als die von Erwachsenen. Sie verhalten sich schlicht anders, haben – wie die Entwicklungspsychologie zeigt – Fähigkeiten, die Erwachsene nicht mehr haben, und solche noch nicht, die Erwachsene haben. Die Grundbedingungen ihres Seins sind von denen der Erwachsenen nicht verschieden. Doch das, was sie in unserer Gesellschaft entwickeln und werden sollen, müssen sie noch lernen.

Kinder als „Seiende" wahrzunehmen, bedeutet anzuerkennen, daß ihre Probleme mindestens so gewichtig sind wie die der Erwachsenen (denn sie verfügen meist noch nicht über so viele Ressourcen für die Problemlösung wie ein Erwachsener). Gleichzeitig stellt sich die Aufgabe, ihnen als „Werdende" Problemlösungsstrategien zu vermitteln. Aufgabe der Erwachsenen ist es, sowohl auf das aktuelle Wohlbefinden der Kinder zu achten als auch auf die Notwendigkeit des Lernens. Ihre Bemühungen sind darauf zu richten, daß Kinder sich in all ihren Lebensbereichen wohl fühlen (Kinder als „Seiende") und zugleich optimale Entwicklungsmöglichkeiten haben (Kinder als „Werdende").

Zwischen beiden kann es selbstverständlich leicht einmal zu Konflikten kommen. Kinder können sich beispielsweise sehr wohl fühlen, wenn sie sehr lange oder bis spät in den Abend fernsehen. Ihre Entwicklungsmöglichkeiten und ihre Chancen, erfolgreich zu lernen, werden dadurch jedoch möglicherweise erheblich eingeschränkt. Kinder als „Seiende" und gleichermaßen als „Werdende" anzusehen, fordert dann von den Erwachsenen, Konflikten nicht aus dem Wege zu gehen, sondern beide Aspekte zu beachten und entsprechende erzieherische Entscheidungen zu treffen.

Kinder als „Seiende" ernst zu nehmen heißt im übrigen auch, ihnen höflich zu begegnen, was voraussetzt, daß man ihre Würde und ihr Selbstgefühl respektiert. Holt schlägt in entsprechendem Zusammenhang vor, das Kleinkind als einen hohen Gast von einem fremden Stern oder aus einer unbekannten Zivilisation zu behandeln, der kaum etwas über unsere Lebensgewohnheiten weiß, aber begierig ist zu erfahren, wie wir bestimmte Dinge tun (vgl. Holt 1978, S. 218).

Auch auf der politischen Ebene hat eine derartige neue Kind-Erwachsenen-Beziehung Konsequenzen: Während heute in der Diskussion um Kinder und Kindheit immer nur der Erwachsenenaspekt im Vordergrund steht, d. h. Kinder entweder als allgemeine Ressource für die Zukunft (z. B. als zukünftige Arbeitskräfte) gesehen werden oder aber als soziales Phänomen, das das Leben der Erwachsenen entscheidend beeinflußt (z. B. als Kostenfaktor, der den Lebensstandard wesentlich mitbestimmt), müßten aus der neuen Sicht zwei Bedürfnisse beachtet werden, nämlich die Bedürfnisse der Kinder (Kinder als „Seiende") und das Interesse der Gesellschaft (Kinder als „Werdende").

Auch hier kann es leicht zu Interessenkonflikten kommen: Eine kritiklose Wunscherfüllung beispielsweise würde für das Erlernen einer realistischen Lebensorientierung wohl eher hinderlich als nützlich sein. Schule fordert ihren Tribut im Verhältnis zur Freizeit, und das Lernen durch selbstverständliche Mitarbeit im Haushalt und durch sonstige Tätigkeiten für die Familie oder Gruppe mag in Widerspruch geraten zu einer – grundsätzlich richtigen, in unserer europäischen Gesellschaft aber oft übertriebenen – Ächtung von Kinderarbeit.

Erwachsene können folgende Selbstanfragen stellen, wenn sie ihr Verhalten gegenüber einem Kind kritisch betrachten wollen: Würde ich – in der Art der Formulierung und in inhaltlicher Hinsicht – mit einem Erwachsenen ebenso sprechen? Darf das Kind mit mir in der gleichen Art und Weise reden wie ich mit ihm? Entspricht Art und Ausmaß, wie ich auf meinen persönlichen Rechten bestehe, Regeln formuliere, Wünsche ausspreche oder Forderungen stelle, dem, wie ich es in einer Beziehung zu einer Erwachsenen, z. B. meiner Partnerin, handhabe? (Kinder als Seiende.) Und: Dienen die sonstigen Erwartungen, Wünsche und Forderungen, die ich ausspreche, der körperlichen Unversehrtheit und dem Lern- und Entwicklungsfortschritt des Kindes? Nehme ich mir genügend Zeit, Ruhe und Geduld, für das Kind dazusein, um beispielsweise den Sinn meines Verhaltens zu erklären? (Kinder als Werdende.)

Konflikte, die sich aus dem doppelten Blick auf das Kind als „Seiendes" und als „Werdendes" ergeben, stellen sich in jedem Lebensbereich, bei jeder Fragestellung und in jeder Erziehungsbeziehung immer wieder anders und müssen je neu entschieden werden. Zuweilen lösen sie sich aber auch auf, beispielsweise wenn man berücksichtigt, daß subjektives Wohlbefinden Voraussetzung für Lernen und Entwicklung ist, oder wenn man nicht in die Falle des Entweder-oder-Denkens tappt und den Blick auf mögliche alternative Lösungswege lenkt (vgl. Bacher und Wilk 1994, S. 356).

5. Exkurs: Wieviel Erziehung brauchen Kinder wann in welcher Art?[1]

Grundsätzlich benötigen Kinder von Seiten der Erwachsenen Aufmerksamkeit und Interesse, Fürsorge und Unterstützung, Achtung und Wertschätzung. Dies sollten sie erfahren in den ganz alltäglichen Situationen des gemeinsamen Handelns mit den Erwachsenen. Gerade diese scheinbar unbedeutenden Situationen dürften die für die Entwicklung des Kindes wesentlichen sein.

Kinder sind nicht auf Liebe angewiesen, wie das oft fälschlicherweise behauptet wird. Wenn sie Aufmerksamkeit und Interesse, Fürsorge und Unterstützung, Achtung und Wertschätzung erfahren, bekommen sie alles, was sie für ihr Wohlbefinden und ihre Entwicklung benötigen. Und dies kann die Erwachsene leisten, wenn sie guten Willens ist. Liebe dagegen ist etwas, was sich in einer Beziehung einstellt oder auch nicht; man kann sie nicht kommandieren und nicht herbeizwingen. Die Forderung aber nach Liebe kann gerade für solche Eltern, die ihre Aufgabe ernst nehmen und die zugleich ihre Gefühle ehrlich und ohne Heuchelei erfassen, zu einer unerträglichen Belastung und damit zu einem Hindernis werden, mit dem Kind in Kontakt zu treten.

Es läßt sich aber auch noch einfacher formulieren, was Kinder wirklich benötigen: die Zeit der Erwachsenen. Und dies ist eine erzieherische Dienstleistung, die eingefordert werden kann: die Zeit, in der die Erwachsene sich absichtslos dem Kind widmet, indem sie aufmerksam die Handlungen des Kindes verfolgt und sich selber handelnd in die Aktivitäten des Kindes einklinkt.

Aufmerksamkeit und Interesse ist auch notwendig um wahrzunehmen, wieviel Fürsorge und Unterstützung ein Kind benötigt.

1 Zu den folgenden Seiten vgl. Flitner (1982, S. 71 ff.); Giesecke (1987a, S. 40 ff.); Giesecke (1996, S. 333 ff.)

Tatsächlich ist der Säugling ja existentiell abhängig von der Erwachsenen, und auch das Kleinkind braucht den Schutz der Erwachsenen angesichts von Gefahren, die es noch nicht selbst zu überschauen vermag. Das Schulkind braucht – so wie Schulen heute arbeiten – in der Regel die Hilfe der Erwachsenen, und auch noch die Jugendliche sucht den Rat der Erwachsenen, wenn sie die Erfahrung gemacht hat, daß ihre Autonomie geachtet wird. Denn entscheidend für das Kind ist zu allen Zeiten, daß die Fürsorge und Unterstützung sowie die Aufmerksamkeit und das Interesse seitens der Erwachsenen getragen ist von einer Haltung der Achtung vor seiner Autonomie. An der Art und Weise, wie seine Bedürfnisse und Wünsche aufmerksam wahrgenommen und wertgeschätzt werden, ohne Übergriffe in seinen Entscheidungsbereich vorzunehmen, erfährt das Kind seinen Selbstwert. Da das Kind sich vor allem in seinem Handeln selbst verwirklicht, ist es unmöglich, ein Kind zu achten, ohne sein Handeln zu achten.

Entsprechend bedarf das Kind eines solchen, im Laufe der Entwicklung immer mehr erweiterten, autonomen Handlungsraumes – dies sowohl wörtlich verstanden als wachsender Raum von der Spielecke über die Wohnung, den Nahbereich, das Haus, die Schulwelt, die Lebenswelt der Gleichaltrigen etc. als auch inhaltlich als ein wachsendes Feld autonomer selbstverantworteter Entscheidungen. Innerhalb dieses Handlungsraumes muß das Kind nicht nur selbst entscheiden, sondern auch die Folgen seiner Entscheidungen tragen. Der Respekt vor den Entscheidungen des Kindes – auch wenn der Erwachsene sie für falsch hält – macht die Achtung des Kindes ebenso aus wie die Eindeutigkeit, es die Konsequenzen seines Tuns tragen zu lassen. Ihm die Folgen seiner Entscheidung abzunehmen, ist entwürdigend, auch wenn ein solches Handeln für die Erwachsenen oft leichter ist und auch vom Kind – in verständlicher Wahl des vermeintlich einfacheren Weges – bereitwillig angenommen wird.

Kinder brauchen übrigens keine Eltern, die alles richtig machen – wenn es denn möglich wäre, wären solche Eltern für Kinder schlicht unerträglich. Sie wären ein unerreichbares Modell, das mutlos machen muß. Vielmehr brauchen Kinder Eltern und ErzieherInnen, die Stärken und Schwächen haben, die Fehler machen und dies den Kindern gegenüber offen bekennen. Eltern und ErzieherInnen, die sich für ein falsches Verhalten bei den Kindern entschuldigen, dürfen nicht nur auf den Respekt der Kinder hoffen, sondern ebenso auf ein ähnliches Verhalten seitens der Kinder.

Wenn man versuchen will, verschiedene Altersstadien in der Entwicklung des Kindes und die in der jeweiligen Zeit wichtigsten Handlungen der Erwachsenen zu schildern, so dürfte der Säugling vor allem auf Fürsorge, Schutz und Sicherheit sowie ein anregendes Milieu angewiesen sein. Dabei wird der aufmerksame Erwachsene die Signale wahrnehmen, mit denen das Kind ihm zeigt, ob das Ausmaß an Außenreizen für es „stimmt" oder ob es sich unter- oder überfordert fühlt.

Für das Kleinkind hat der Erwachsene insbesondere Schutz und Sicherheit zu gewähren, bildet er den sicheren Hafen, in den das Kind bei seinen Erkundungen der Welt immer wieder zurückkehren kann, um im Gefühl der neu vergewisserten Sicherheit die Welt erneut zu explorieren. Im übrigen lernt gerade das Kleinkind durch gemeinsames Tun mit dem Erwachsenen wesentlich mehr als durch pädagogische Inszenierungen. Sprechend und handelnd führt die Erwachsene das Kind in die Art und Weise ein, wie wir die Welt sehen und interpretieren, wie wir die Vielfalt der Erscheinungen zusammenfassen und die Komplexität der Welt reduzieren. Denn die Art, wie wir gemeinsam die Welt sehen und interpretieren, wie wir das soziale Zusammenleben gestalten und regulieren, wie wir einander begegnen und zu verstehen suchen – all dies ist nicht objektiv vorgegeben, sondern soziokulturell gestaltet. Das Kind kann die Dinge nicht einfach wahrnehmen, sondern braucht die Hilfe und Unterstützung der Erwachsenen. Es braucht – auch über das Kleinkindalter hinaus – eine Person bzw. Personen, die ihm die Welt erklären.

Das Schulkind braucht zunehmend klar geregelte Räume und Zeiten, in denen es frei und eigenverantwortlich handeln kann. Dies kann es um so unbeschwerter und offensiver tun, je deutlicher diese Zeiten und Räume durch klare Anforderungen begrenzt sind. Das Kind braucht zumeist Hilfen bei der Strukturierung von Freizeit und Arbeit. Klare Forderungen und Grenzsetzungen (beispielsweise in Bezug auf Schulaufgaben, Fernsehkonsum etc.) sind hilfreich, wenn sie denn auf möglichst wenige Bereiche begrenzt bleiben.

Dies kann vor allem dann gelingen, wenn die in unserer Kultur so verbreitete, unglückselige Koppelung von Zuwendung und Gehorsam bzw. Ungehorsam aufgegeben wird. Befolgen von Forderungen hat nichts mit „lieb sein" und Nichtbefolgen von Forderungen nichts mit „böse sein" zu tun. Beides ist als völlig wertfrei anzusehen. Das Befolgen der Forderungen und das Annehmen von Rat und Anleitung hat lediglich angenehmere Konsequenzen als das Nichtbefolgen, beispielsweise das Befolgen des Rates, die Schularbeiten sorgfältig zu erledigen, hat die Folge, daß anschließend mehr Zeit zum Spielen bleibt, als wenn sie mehrfach neu angefertigt werden müssen. Das Kind hat das Recht, sich gegen den Rat zu entscheiden, muß dann aber (leider) die Folgen mit aller Konsequenz tragen.

Vorschulkindern und Grundschulkindern ist zuweilen sicherlich noch ein Schonraum zu gestalten, in dem diese eine geschützte, vom realen Leben getrennte Kindheit leben können. Schon relativ früh werden Eltern und ErzieherInnen das Kind jedoch in das Leben der Erwachsenen einbeziehen müssen. Das Kind sollte innerhalb der Familie gleichberechtigt an Entscheidungen mitwirken. Es kommt darauf an, seine Ansichten und Meinungen nicht nur zu Fragen des gemeinsamen Haushalts, sondern auch zu Politik und allgemeinen gesellschaftlichen Entwicklungen ernst zu nehmen. Gleichzeitig sollte der Erwachsene ihm Aufgaben, Zuständigkeiten und Verantwortlichkeiten übergeben, von der Mitarbeit im Haushalt über die Zuständigkeit und Verantwortung für die eigene Kleidung bis zur regelmäßigen Sorge um das Haustier.

Kinder wollen gebraucht werden, und man tut ihnen keinen Gefallen, wenn man diese Bedürfnisse nicht berücksichtigt. Sie müssen eben eher als in früherer Zeit lernen, daß jeder in der Gemeinschaft Pflichten und Rechte hat. Eltern und ErzieherInnen müssen das Kind so anleiten, daß es am Ende des ersten Lebensjahrzehntes in der Lage ist, für einen Großteil seines Lebensbereiches selbst Verantwortung zu übernehmen. Bis zu diesem Zeitpunkt sollte es gelernt haben, selbständig wahrzunehmen, welche Ziele über die Befriedigung der augenblicklichen Wünsche heraus anzustreben sind welche Aktivitäten für seine eigene weitere Entwicklung wichtig sind, das heißt, es muß gelernt haben, das Leben in die eigenen Hände zu nehmen.

Selbstverständlich wird auch im höheren Alter der Kinder den Eltern und ErzieherInnen noch zukommen, einige Rahmenbedingungen zu setzen. Aber die Erziehung im ersten Lebensjahrzehnt sollte darauf orientiert sein, daß das Kind im Alter der Sekundarstufe I in einem relativ großen Entscheidungsraum eigenverantwortlich handelt, quasi als junger Erwachsener, der zwar noch Hilfe und Unterstützung braucht, der aber gelernt hat, die Rechte und Pflichten junger Erwachsener wahrzunehmen und selbstverantwortlich zu entscheiden. Wie schon gesagt: Der elfjährige „Jugendliche" wird sich häufig schon nicht mehr behandeln lassen wie ein Kind. Wenn er bis dahin nicht in hinreichendem Maße gelernt hat, ein Stück Selbstverantwortung zu tragen, drohen erzieherische Konflikte. Insgesamt wird es notwendig sein, Kinder in einer verkürzten „Kindheit" auf eine verlängerte „Jugendzeit" vorzubereiten.

Auch der Jugendliche braucht noch die Unterstützung des Erwachsenen. Diese dürfte vor allem dann hilfreich sein, wenn sie der Vermittlung und Stärkung von Fertigkeiten zur Problembewältigung (Coping-Strategien) dienen, wie z. B. die Vermittlung wirksamer Denkstrategien, das In-Frage-Stellen selbstabwertender Denkmuster, die Unterstützung einer positiven Selbstbewertung und die Anregung zur Nutzung positiver Verhaltensmodelle. „Information, Überprüfung und Rückmeldung, Unterweisung im Erarbeiten von Programmen der Problembewältigung, Sensibilisierung für Verhaltensmodelle und Nutzung erfolgreicher Bewältigungsstrategien (sind) als hilfreiche Techniken erkannt worden. Es gilt, sie nicht nur auf schulische Inhalte und auf den kognitiven Bereich anzuwenden, sondern auch auf den weiter gefaßten Bereich der Persönlichkeitsentwicklung" (Olbrich 1985, S. 25 f.).

Nach dem Ende des ersten Lebensjahrzehntes wird sich also vornehmlich ein Leben in Partnerschaftlichkeit entwickeln, wo die Grenzen des einen die Grenzen des anderen darstellen. Wenige klare Anforderungen sollten von den Erwachsenen auch in dieser Lebenszeit ausgesprochen werden, wobei das Wie der Erfüllung zur Sache des Jugendlichen wird.

Auf gesellschaftspolitischer Ebene ist es ebenso sinnvoll, das Wahlalter herabzusetzen als auch die Rechte der Kinder und Jugendlichen nach den Vorgaben der „Konvention über die Rechte der Kinder" der Vereinten Nationen zu stärken. Gleichzeitig allerdings ist die gesellschaftliche Verpflichtung zur Respektierung verbindlicher Regeln und Gesetze in früherem Alter einzufordern. Das sollte nicht in Form einer Herabsetzung der Strafmündigkeitsgrenze geschehen.

Dieser Weg wäre – um sinnloses Strafen zu vermeiden – nur möglich nach einer grundlegenden Weiterentwicklung des erzieherischen Grundgedankens im Jugendgerichtsgesetz mit entsprechender Verfahrensänderung. Alternativ können auch die Möglichkeiten der Jugendhilfe ausgebaut und ohne Angst vor variablen Kontrollmaßnahmen gehandhabt werden. Nur: Rechte einzuräumen, ohne dem Kind die Verantwortung für Rechtsübertretungen zuzubilligen, würde zu einer gefährlichen Schieflage führen.

In Schule und Politik müssen Kindern Mitgestaltungsmöglichkeiten eingeräumt werden. In beiden Bereichen sollte sich eine wesentliche Änderung vollziehen: Statt für die Kinder zu handeln, wird es darum gehen, mit den Kindern zu handeln. Das kann in der Schule dadurch geschehen, daß SchülerInnen größere Möglichkeiten erhalten, auf die Gestaltung des Unterrichts und des Schullebens Einfluß zu nehmen. Zu erreichen ist dies auch über vermehrte Projektarbeit, die den Kindern nicht nur vor Augen führen kann, warum es sinnvoll ist, Kulturtechniken, heimische Geographie u. ä. zu lernen, sondern auch zu einer sinnvollen Integration der verschiedenen Fächer führt. Darüber hinaus kann damit Gruppenarbeit als eines der wichtigsten Lernziele gefördert und eigenverantwortliches Handeln stimuliert werden.[2]

Mitgestaltungsmöglichkeiten in der Politik werden sich auf die Nahräume beziehen, beispielsweise auf die Mitwirkung von Kindern bei einer kindbezogenen Stadtplanung oder bei ökologischen Projekten. Modelle für ein solches Vorgehen gibt es genug,[3] und zwar Modelle, die sich bereits bewährt und die Bereitschaft von Kindern bewiesen haben, sich für gemeinschaftliche Ziele zu engagieren.

2 vgl. Bielefelder Erklärung zur Kinder- und Jugendpolitik vom 7. Juni 1997 (in: *Spektrum 26*: 115–118)
3 vgl. Holt (1978, S. 221 ff); Bacher u. Wilk (1984, S. 367 ff.); Engel 1996; Freyling u. Stöckmann 1977.

Teil II: Was ist Erziehung?
Die verschiedenen Dimensionen des Erziehungsprozesses aus systemtheoretischer Perspektive

1. Allgemeine Charakterisierung von Erziehung

Erziehung ist – nach allgemein akzeptierter Definition – zu charakterisieren als absichtsvolles Beeinflussen einer Person, zumeist eines Kindes, durch einen anderen Menschen, die ErzieherIn[1], in Richtung auf ein von der ErzieherIn festgelegtes Ziel. Erziehung ist damit ein „Spezialfall" des Prozesses, den man Sozialisation nennt, in dem Kinder unter dem Einfluß ihrer Umwelt in die jeweilige Kultur hineinwachsen, ihre Normen und Werte übernehmen, Handlungsstrategien aufnehmen und Voraussetzungen für die Bewältigung neuer oder veränderter Umweltanforderungen erlernen.

Anders ausgedrückt ist Sozialisation der Prozeß der Entstehung und Entwicklung der menschlichen Persönlichkeit in Abhängigkeit von und in Auseinandersetzung mit den sozialen und den dinglich-materiellen Lebensbedingungen, in dessen Verlauf sich der menschliche Organismus zu einer sozial handlungsfähigen Persönlichkeit bildet und über den Lebenslauf hinweg weiter entwickelt. Sozialisation ist nicht beschränkt auf die Zeit von Kindheit und Jugend, sondern bezieht sich auf die gesamte Lebenszeit eines Menschen.[2]

Innerhalb dieser Sozialisationseinflüsse stellen erzieherische Einflußnahmen insofern eine Besonderheit dar, als Erziehung einen Menschen, zumeist einen Erwachsenen, voraussetzt, der einen er-

1 In diesem Kapitel werden durchweg die Begriffe „ErzieherIn" bzw. „ErzieherInnen" benutzt, womit gleichermaßen Frauen und Männer, Eltern und professionelle Erzieherinnen und Erzieher gemeint sind.

2 Nur beiläufig sei erwähnt, daß diese soziologische Definition von Sozialisation vollinhaltlich der psychologischen Definition von Entwicklung entspricht, wenn Thomae beispielsweise 1959 unter Entwicklung die Veränderung der Erlebnis- und Verhaltensweisen im zeitlichen Kontinuum eines individuellen Lebenslaufes versteht, die sich in der aktuellen Auseinandersetzung des Individuums mit der jeweiligen Lebens- und Umweltsituation vollzieht.

zieherischen Anspruch erhebt, der ein bestimmtes erzieherisches Ziel vor Augen hat und unter dieser Zielvorstellung Einfluß auf die Persönlichkeitsentwicklung eines anderen, zumeist eines Kindes oder Jugendlichen, zu nehmen versucht. Die Beziehung zwischen ErzieherIn und dem/der zu Erziehenden ist deshalb zwangsläufig asymmetrisch: Voraussetzung für Erziehung ist, daß die ErzieherIn etwas kann oder weiß, zumindest etwas zu können oder zu wissen glaubt, was sie der/dem zu Erziehenden vermitteln will.

Erziehung existiert jedoch nicht als spezifische Handlungsform. Die ErzieherIn berät, informiert, erklärt, unterrichtet, animiert, spricht Mut zu, lobt, tadelt, streitet, straft, setzt Grenzen – aber das alles gibt es nicht nur in erzieherischen Kommunikationen. Nicht die Art der Handlung – der Inhaltsaspekt – definiert eine Handlung als erzieherisch, sondern der Beziehungsaspekt, die Metakommunikation, also die jeweilige Kommunikation über die Kommunikation.

Erst wenn ein Mensch seinen Handlungen des Anregens, Beratens, Informierens, Erklärens, Lobens, Tadelns etc. erzieherische Absicht zuschreibt und diese erzieherische Absicht auf eine oder mehrere andere Menschen (meist, aber nicht nur Kinder und Jugendliche) richtet, findet Erziehung statt. Dabei ist es unwichtig, ob diese Handlung überhaupt eine Wirkung hat oder welche Wirkung sie hat. Werden dieselben Handlungen des Anregens, Beratens, Informierens, Erklärens, Lobens, Tadelns etc. ohne erzieherische Intention durchgeführt, kann man nicht von Erziehung sprechen.

Nun gibt es aber keine scharfe Grenze zwischen Erziehung und Sozialisation; der Übergang zwischen beiden verläuft vielmehr fließend. So gestalten Eltern das Zimmer ihres Kindes in – ihrer Meinung nach – kindgerechter Art, kaufen ihm Spielmittel, die seine Neugier und seine Lust am Lernen anregen sollen, halten Einflüsse fern, die sie für schädlich halten, beeinflussen also auf vielerlei Weise ihr Kind in erzieherischer Absicht. Eine ErzieherIn kann sich entschließen, ein bestimmtes Verhalten – z. B. selbst bei größtem Ärger noch immer beherrscht und freundlich zu reagieren – zwar nicht vom Kind ausdrücklich zu fordern, es ihm aber über die Zeit hinweg immer wieder vorzuleben in der Hoffung und Erwartung, das Kind werde dieses Modellverhalten übernehmen. Eltern können sich darauf einigen, Partnerkonflikte nicht in Anwesenheit des Kindes auszutragen und beeinflussen damit absichtsvoll den Prozeß der Sozialisation. Ein Vater kann voller Freude mit seinem Kind gemeinsam basteln und werken und verfolgt damit mehr oder weniger bewußt sein Ziel, bei dem Kind Spaß und Interesse an solchem Tun zu wecken. Kurzum: Es gibt viele Handlungen von Erwachsenen, die nur mittelbar oder kaum bewußt erzieherischen Charakter haben. Dies geschieht um so eher, je selbstverständlicher die für Erziehung konstitutive, notwendige Unterscheidung Erwachsener – Kind, Wissender – Noch-nicht-Wissender, Erfahrener – Noch-nicht-so-Erfahrener besteht.

Erziehung geht zwar grundsätzlich von der ErzieherIn aus und umfaßt intentional einseitig gerichtete, absichtsvolle Kommunikationen. Trotzdem kann Erziehung nur als erzieherische Interaktion voll verstanden werden. Denn die erzieherisch einseitig gerichtete, absichtsvolle Kommunikation bedarf des Erziehungsobjektes, und dieses Erziehungsobjekt ist zugleich ein sehr eigenständiges Subjekt, das sich nicht nicht verhalten kann, so daß zwangsläufig eine erzieherische Interaktion entsteht. Dies gilt um so mehr, als eine einzige isolierte erzieherische Kommunikation höchst selten ist, Erziehung sich vielmehr regelhaft über eine bestimmte Zeitspanne hinweg erstreckt. Diese Zeitspanne ist zudem meist relativ ausgedehnt; denn in Abgrenzung zur Therapie ist es geradezu ein wesentliches Kennzeichen von Erziehung, daß sie üblicherweise über längere Zeiten hinweg in einer bestimmten ErzieherIn-Kind-Beziehung erfolgt.

Die erzieherische Interaktion findet aber nicht in einem „luftleeren" Raum statt, sondern ist Teil eines Lebensraumes von Beziehungen, d. h. eines Beziehungsraumes, beispielsweise in einer Familie oder in einer Schulklasse. Dieser Beziehungsraum entwickelt eigene Regeln, Gesetze, Verhaltensmuster, Ideen und Vorannahmen. Er wird von allen Beteiligten gemeinsam gestaltet, auf seine Lebensqualität überprüft, in Teilen beibehalten und in Teilen kontinuierlich umgestaltet. Seine Regeln und Verhaltensvorschriften bedingen die Handlungsmöglichkeiten aller Beteiligten. Die erzieherische Interaktion wird also bedingt durch drei Einflußfaktoren: durch das Kind als zu erziehende Person, durch den Erwachsenen als erzieherisch absichtsvoll handelnde Person und durch den Beziehungsraum, den Kontext, den beide als Mitglieder – zusammen mit anderen – gemeinsam formend gestalten, der jedoch auch seine eigene Dynamik entwickelt.

Daraus folgert: Ein Verständnis von Erziehung ist zum einen nur zu erlangen bei Betrachtung der Interaktion zwischen ErzieherIn und der/dem zu Erziehenden, dem Kind, über eine gewisse Zeitspanne hinweg, zum zweiten unter besonderer Berücksichtigung des Beziehungsgeschehens und zum dritten unter Beachtung der jeweiligen Kontextbedingungen, des jeweiligen Lebensraumes. Als erste Schritte sollen im Folgenden jedoch zunächst die beiden Interaktionspartner in der Erziehung isoliert betrachtet werden, um anschließend die erzieherische Interaktion im jeweiligen Kontext behandeln zu können. Dabei soll mit *der* Seite der erzieherischen Interaktion begonnen werden, die meistens vernachlässigt wird, nämlich mit der Seite der/des zu Erziehenden, des Kindes.

2. Erziehung aus Sicht des Kindes als zu erziehendem System

2.1. Die erzieherische Handlung aus der Sicht des Kindes

2.1.1 Die Autonomie kindlichen Handelns

Um Erziehung zu verstehen ist es notwendig, einige grundlegende Aspekte der Funktionsweise des menschlichen Gehirns zu betrachten. Wichtige Kenntnisse dazu erarbeiteten Humberto Maturana und seine Kollegen bei ihren Forschungen über das Farben-Sehen (vgl. Maturana, Uribe u. Frenk, 1968). Dabei konnten sie keine regelhaften Zusammenhänge zwischen der Wellenlänge des Lichtes und den Hirnaktivitäten ihrer Versuchspersonen feststellen. Demgegenüber gab es jedoch konstante Korrelationen zwischen den Farbnamen, die die Versuchspersonen dem ihnen präsentierten Licht gaben und der Wellenlänge des Lichts. Das heißt: Nicht die sorgfältig gemessenen physikalischen Phänomene lösten die jeweils gleichartigen Hirnaktivitäten aus, wie es der allgemeinen Erwartung entsprechen würde, vielmehr zeigten sich lediglich zuverlässige Korrespondenzen zwischen den Benennungen der Farbe und den Gehirnaktivitäten. Maturana und seine Kollegen zogen daraus den zwingenden Schluß, daß die Phänomene der Außenwelt nicht durch entsprechende charakteristische Aktivitäten des Gehirns widergespiegelt werden.

Humberto Maturana und Francisco Varela folgerten weiterhin, daß das für sein Denken und Fühlen sowie die Steuerung seines Verhaltens zuständige Nervensystem des Menschen operational geschlossen und autonom sein muß. Die Aktivitäten (Operationen) des Nervensystems lösen offensichtlich „nur" andere Aktivitäten des Nervensystems aus. Informationen aus der Umwelt dringen demgegenüber nicht in das System ein, sondern wirken lediglich als „Perturbation", als „Anregung", als „Beunruhigung", als „Verstörung". Die Aktivitäten des Gehirns werden durch Außeneinflüsse nicht in unmittelbarer und spezifischer Weise beeinflußt, sondern in unspezifischer Weise sozusagen in Unordnung gebracht, wodurch eine Neuordnung angestoßen wird, deren Art nicht vorhersehbar ist. Man könnte dies vergleichen mit einem Fußtritt gegen einen mit Sand gefüllten Sack: Die Änderung der Lage der einzelnen Sandkörner wird durch den Fußtritt nicht in unmittelbarer und spezifischer Form bestimmt. Vielmehr werden die Sandkörner nur in unspezifischer Art verschoben, was in nicht vorhersehbarer Weise weitere Lageänderungen anderer Sandkörner in Abhängigkeit von Position, Feuchtigkeit und anderen Bedingungen zur Folge hat. Das System gerät durch Außeneinflüsse gleichsam in eine Krise und muß sich neu ordnen. Solche Perturbationen fordern Anpassungsleistungen, sind Störung und Anregung, Chance und Gefahr zugleich.[1]

Maturana beschrieb das Gehirn weiterhin als ein autopoietisches System, ein geschlossenes System, das sich in seiner basalen Zirkularität selbst reproduziert. Dieser Vorgang ist auf der Ebene der Zellen bestens bekannt: Eine Zelle ersetzt in einem kontinuierlichen Prozeß die Bestandteile, aus denen sie besteht, mit Hilfe eben derselben Bestandteile. Diese Geschlossenheit des menschlichen Nervensystems bedeutet, daß der Mensch in der Tiefenstruktur seiner Selbststeuerung prinzipiell unabhängig von seiner Umwelt handelt. Sein Verhalten als von außen sichtbares Zeichen seiner inneren kognitiven Operationen dient einzig und allein der Selbsterhaltung und ist – aus subjektiver Sicht – immer passend und angemessen, solange es nicht zum Tode führt.[2]

1 Im Chinesischen setzt sich das Schriftzeichen für „Krise" aus dem Schriftzeichen für „Gefahr" und „gute Gelegenheit/Chance" zusammen; vgl. Capra (1982, S. 21).
2 vgl. Willke, H. (1994, S. 102). Oelkers und Tenorth (1987, S. 38), verweisen in diesem Zusammenhang auf die Umkehrung der traditionellen Vorstellung, nämlich auf die Vorordnung des Werdens vor dem Sein. „Die ‚autopoietische Organisation' ist nichts anderes als die biochemische Beschreibung eines unaufhörlichen Werdens, das die Voraussetzung ist für die jeweils stationären Strukturen des ‚Seins'. Jedes lebende System erhält sich selbst, indem es ‚sich' unaufhörlich reproduziert. Das ‚sich' darf nicht substantialistisch mißverstanden werden …. Es gibt keinen Abschluß, nur immer erneute Weiterführungen, die lediglich der Tod begrenzt."

Das Nervensystem des Menschen operiert also nach der Logik seiner individuellen und strukturellen Bedingungen und nicht aufgrund äußerer Einflüsse. Diese Struktur ist das Ergebnis der individuellen Geschichte dieses Lebewesens und schließt seine persönlichen Wünsche, Absichten, Vorlieben, Abneigungen und Bestrebungen mit ein. Und es ist im Prinzip die Struktur, die bestimmt, welche äußeren Einflüsse Veränderungen auslösen und welche nicht (auch wenn Art und Ausmaß der Außeneinflüsse – wie noch zu zeigen sein wird – selbstverständlich nicht bedeutungslos sind). Das Verhalten des einzelnen Menschen realisiert sich aufgrund seiner autonomen Prozesse, aus einer Vielzahl von Möglichkeiten aus dem Augenblick heraus. Eine Steuerung dieser autonomen Prozesse von außen ist nicht möglich.

Auch eine Information eines anderen Menschen in dem Sinne, wie man eine Information in einen Computer eingibt, ist nicht möglich. Für Informationen ist ein Mensch nur insofern offen, als er wie jedes komplexe selbstreferentielle System Lernmechanismen entwickelt, mit deren Hilfe er bestimmten Erfahrungen Bedeutungen zuordnet, die mit Erwartungen verbunden sind. Auf der Grundlage dieser Erwartungen filtert er aus dem Lärm der Umwelt, das heißt aus der Fülle der Reize in der Umwelt diejenigen Reize aus, die gemessen an seinen Erwartungen Aufmerksamkeit erregen, sei es, daß sie diese Erwartungen bestätigen, sei es, daß sie die Erwartungen nicht bestätigen. Im ersten Fall sieht das System keinen Anlaß für besondere Aktivität, im zweiten Fall sind möglicherweise Anpassungsreaktionen – welcher Art auch immer – erforderlich. Diese können darin bestehen, daß die durch die Reize vermittelte Information verneint wird, oder aber darin, daß das System selbst sich verändert. Diese umweltsensible Aktivität des Systems ermöglicht Lernen und damit Entwicklung und ist Ansatzpunkt für Erziehung.

Der grundsätzliche Vorgang mag an einem einfachen Beispiel deutlicher werden (vgl. Simon 1993, S. 76f.). So ist das Heulen einer Sirene zunächst nichts anderes als die Bewegung von Klangwellen, die Ihr Trommelfell in Schwingungen versetzen. Sie hören ein Signal, das jedoch an sich völlig bedeutungslos ist. Erst wenn Sie diesem Signal eine Bedeutung zuordnen („Mittagspause" oder „Es brennt"), entsteht eine Information. Die Sirene kann aber nicht darüber entscheiden, welche Bedeutung Sie ihrem Klang zuordnen,

geschweige denn, welche Erwartung Sie mit dieser Bedeutung ver-
binden. Auch der Satz, den Sie zu einem anderen Menschen sprechen, ist nicht mißzuverstehen als Information im Sinne eines In-
puts. Er kann gleichsam die Geschlossenheit des Nervensystems des
anderen nicht durchbrechen. Doch er kann das Nervensystem des
anderen zu Aktivitäten anregen. Günstigenfalls handelt es sich bei
diesen Aktivitäten um solche, die den Aktivitäten des Aussenders
dieses Satzes mehr oder weniger gut entsprechen. Sprache, ein Satz,
hat also an sich keine Bedeutung, sondern er dient dazu, beim Hö-
renden interne Aktivitäten, nämlich die Entwicklung von Bedeutungen, anzuregen, die denen des Sprechenden ähnlich sind. Wenn
Ähnlichkeit, Entsprechung entsteht, reden wir davon, daß der Hö-
rende den Sprechenden verstanden hat. Wir können uns aber des
Verstehens nie sicher sein, so daß zu einem Dialog immer die Rück-
versicherung gehört, ob Verstehen erreicht wurde. Kommunikation
ist deshalb auch nicht als Informationsaustausch zu verstehen, sondern als parallele Informationskonstruktion zweier miteinander
kommunizierender Individuen (vgl. Schmidt 1987, S. 65).

Diese operationale Geschlossenheit des Nervensystems mit ihren daraus resultierenden Folgerungen ist nicht leicht nachzuvoll-
ziehen, weil sie nicht unseren geläufigen Vorstellungen entspricht.
Sie ist aber ganz elementare Voraussetzung für menschliches Sein
und überhaupt dafür, daß wir uns als eigenständige Wesen begegnen können. Sie gewährleistet, daß wir nicht den von außen auf uns
einwirkenden Einflüssen hilflos ausgeliefert und damit unbegrenzt
manipulierbar sind. Dies gilt nicht nur für Menschen, sondern für
alle Lebewesen: Sie wissen eben nicht, wie ein Hund reagiert, wenn
Sie ihn – was Sie natürlich nie tun würden – treten. Ob er Sie angreift und beißt oder aber ob er den Schwanz einzieht und weg-
läuft, ist nicht mit Sicherheit vorauszusagen. Diese Tatsache gilt
unbeschadet dessen, daß Sie selbstverständlich Wahrscheinlichkeiten ausrechnen können. Bei einem Bullterrier werden Sie eher befürchten, daß er Sie angreift, als bei einem Zwergpinscher; und möglicherweise kennen Sie den Hund und seine Gewohnheiten (als Folge seiner Struktur und damit seiner Geschichte), so daß Sie dies in
Ihre Wahrscheinlichkeitsrechnung einbeziehen können.

Die Geschlossenheit unseres Nervensystems und die innerhalb
unseres Nervensystems ständig und kontinuierlich ablaufenden,

ungeheuerlich vielfältigen Prozesse sind für uns nicht beobachtbar. Als Beobachter eines lebenden Systems können wir allein die Umweltkontakte, die Umwelteinflüsse wahrnehmen und eben nicht die ungleich vielfältigeren internen Prozesse. Dies verleitet uns zu der Annahme, nur dieser Umweltreiz sei für eine etwaig nachfolgende Reaktion des Individuums verantwortlich. Dabei sind die Selbstkontakte, die inneren Einflüsse, in ungleich stärkerem Maße als die Umweltkontakte, die äußeren Einflüsse, für die Reaktion des Individuums bestimmend. Dies ist in etwa an dem Verhältnis von inneren und äußeren Nervenreizpunkten ablesbar, die in einem Verhältnis von 2×10^{13} inneren zu 2×10^{8} äußeren Nervenreizpunkten stehen. Das bedeutet, daß die Zahl der inneren Nervenreizpunkte etwa hunderttausendfach höher ist als die der äußeren, daß also das Gehirn von außen kommende und im Inneren produzierte „Informationen" in einem Verhältnis von 1 : 100 000 verarbeitet (vgl. von Foerster 1985, S. 77).

Damit ist *als erste wichtige Grunderkenntnis für Erziehung* zu formulieren: Menschen sind nicht in verläßlicher Weise zu einem ganz bestimmten, von einem anderen festgelegten Verhalten zu veranlassen. Auch das Kind ist zu keinem Zeitpunkt seines Lebens Interventionen, die von außen auf es einwirken, hilf- und schutzlos ausgeliefert (unbeschadet dessen, daß es natürlich zu seinem leiblichen Überleben auf den Erwachsenen zunächst völlig angewiesen ist). Im Gegenteil: Nicht die von außen auf es ausgerichtete, beispielsweise erzieherische Maßnahme bestimmt in erster Linie das Verhalten des Kindes, sondern vielmehr bestimmen die Struktur und das innere Prozessieren des Kindes über das Schicksal der erzieherischen Maßnahme. Natürlich gibt es erzieherisch wirksamere Maßnahmen und erzieherisch unwirksamere, das heißt, es gibt große Unterschiede in der Wahrscheinlichkeit des Erfolgs von erzieherischen Maßnahmen, worüber später zu sprechen sein wird. Grundsätzlich aber gilt diese Regel, die als basale Erkenntnis einer systemischen Erziehung anzusehen ist.

Üblicherweise neigen wir dazu, die unmittelbare Wirkung erzieherischer Einflußnahmen zu überschätzen, weil wir nicht in der Lage sind, das wahrzunehmen, was im Inneren eines anderen Menschen vorgeht, nicht in der Lage sind, in den Kopf des Kindes zu schauen. Aber wenn wir unterstellen, eine bestimmte erzieherische

Maßnahme sei Ursache für eine bestimmte Reaktion des Kindes, dann übersehen wir eben die hundertausendfachen Anschlußoperationen im Kopf des Kindes, die tatsächlich über seine Reaktionen bestimmen. Aufmerksame ErzieherInnen wissen das. Sie machen häufig die Beobachtung, daß auf „an sich" ganz unscheinbare Ereignisse, Hinweise oder Anregungen ganz überraschende Reaktionen zustande kommen, daß demgegenüber oft sehr massive erzieherische Einflußversuche ohne jede positive Reaktion bleiben.

Wer sich also als ErzieherIn nicht klarmacht, daß das Kind das Schicksal, die Wirksamkeit einer erzieherischen Intervention entscheidend bestimmt, dürfte immer wieder enttäuscht werden und ihren Beruf als sehr anstrengend erleben. Zwangsläufig wird sie immer wieder die Erfahrung machen, daß ein Kind auf ihre erzieherischen Einflußnahmen anders reagiert, als von ihr angestrebt, und so benötigt sie eine Erklärung. *Eine* mögliche Erklärung lautet: Ich habe die falsche erzieherische Maßnahme gewählt, ich habe es falsch gemacht, ich bin eine schlechte ErzieherIn. Enttäuschung und Wut auf sich selbst sind die Folge. Aber das ist schwer zu ertragen, und so geschieht es dann häufig, daß diese Enttäuschung und Wut auf das Kind projiziert werden, auf seine „Bösartigkeit", „Unwilligkeit", „Frechheit", „Widerborstigkeit", seinen „Trotz".

Eine andere Möglichkeit wäre, dem Kind sogleich Böswilligkeit, Widerspenstigkeit, Unwilligkeit und Trotz zu unterstellen und wütend auf das Kind zu reagieren. In jedem Fall führt die Überschätzung der erzieherischen Einflußmöglichkeiten zu einer Vergiftung des Erziehungsklimas. Umgekehrt stellt es eine Entlastung für die ErzieherIn da, die Tatsache wahrzunehmen, daß die internen Prozesse des Kindes von ausschlaggebender Bedeutung für seine Reaktionen sind. Denn das bedeutet: Es gibt kein „richtig" oder „falsch" in der Erziehung, keine „richtige" oder „falsche" Erziehung. Es gibt demgegenüber jedoch die aufmerksame ErzieherIn, die das Kind sensibel beobachtet und ihre Wahrnehmung dieses einen, in seiner Art einzigartigen Kindes zum Ausgangspunkt ihrer erzieherischen Beeinflußungsversuche macht. Es gibt die ErzieherIn, die dem Kind mit offenem Interesse begegnet und neugierig schaut, welchen Verlauf ihre Interaktion mit dem Kind nimmt.

Erziehung wird dann spannender, weil jede erzieherische Einflußnahme sozusagen ein Experiment mit ungewissem Ausgang ist.

Jede Reaktion des Kindes sagt dann etwas über dieses Kind, über eine Facette, eine Nuance seines unbekannten, auch weiter geheimnisvollen, geheimnisvoll bleibenden, einzigartigen Wesens. Je länger und besser wir allerdings das Kind kennen, umso besser können wir gewisse Wahrscheinlichkeiten seines Reagierens voraussagen. Aber dazu später mehr.

2.1.2 Umweltreize als Anregung zur Selbstsozialisation

Wir sahen bisher als erste grundlegende Erkenntnis für Erziehung, daß der Mensch und damit auch das Kind aufgrund der operativen Geschlossenheit seines Nervensystems autonom handelt, daß heißt seinen eigenen Gesetzen folgend, eigenständig. Das bedeutet aber nun keineswegs, daß er auch autark sei, nämlich unabhängig und sich selbst genügend. Vielmehr sind Außenkontakte für das Individuum lebensnotwendig, da nur sie Lernen und Entwicklung ermöglichen. Denn aufgrund der Zirkularität selbstbezüglicher innerer Kommunikationen besteht die Gefahr einer unendlichen Wiederholung selbstreferentieller Prozesse, die immer weiter nur in sich selbst zurück- und weiterlaufen, wenn keine Außenkontakte stattfinden. Dies birgt das Risiko einer reinen Selbstbestätigung einmal etablierter, einmal entwickelter Routinen der inneren Kommunikation. Um diese inneren Kommunikationsroutinen zu vermeiden, braucht das System Umweltkontakt und mithin eine spezifische Umweltoffenheit. Nur so kommt es zur Unterbrechung in den Kommunikationsroutinen und zu Neuanstößen und damit zu Veränderungen in der Struktur und dem inneren Prozessieren (vgl. Willke 1994, S. 106 f.).

Solche Neuanstöße über Umweltkontakte müssen allerdings in der „Sprache" des Systems formuliert sein, um überhaupt wahrgenommen zu werden. Sie müssen für das System einen Unterschied zu dem Bisherigen bilden und bedeutsam sein. Erst dann werden sie als Information vom Individuum gewertet und können wirksam werden, das heißt, können Anpassungsreaktionen auslösen, deren Art allerdings das Individuum aufgrund seiner Struktur – eben seiner bisherigen Geschichte – bestimmt. Diese Strukturänderungen in Reaktion auf relevante, daß heißt interessante und sinnmachende Umweltaktivitäten machen Lernen und Entwicklung aus.

Mit anderen Worten: Menschen brauchen Umweltkontakt und Außeneinflüsse, um leben zu können. Ohne Außenreize wird der

Mensch verrückt und stirbt letztlich. Die von René Spitz beobachteten Säuglinge in Waisenhäusern, die ausreichend ernährt wurden, in sauberen Bettchen mit geschlossenen Seitenwänden lagen und den ganzen Tag über nur die weiße Zimmerdecke sahen, wurden depressiv, dann extrem kontaktscheu und starben schließlich aus Mangel – so die heutige wissenschaftliche Überzeugung – an Umweltanregungen[3]. Sie erlebten ungewollt eine Art Isolationshaft, die mit dem konsequenten Abschirmen eines Gefangenen von allen Außenreizen als eine der schlimmsten Foltermethoden gilt.

Ohne Außenreize „erstickt" der Mensch an den ewig gleichen Routinen seiner inneren Abläufe. Menschen, die z. B. aufgrund eines schweren Schicksalschlages oder aus anderen Gründen sich von sozialen Kontakten zurückziehen, machen im Ansatz die gleiche Erfahrung: Immer dieselben Gedanken drehen sich im Kopf – es ist zum Verrücktwerden. Das Hilfreiche von guten Gesprächen mit Freunden oder einer TherapeutIn liegt dann in der Begegnung mit Außenreizen, in der Begegnung mit anderen Ideen, die diese Routine aufbrechen können.

Allerdings wird von dem betroffenen Individuum immer nur ein Bruchteil der Reize aus seiner Umwelt wahrgenommen, nämlich nur die, die einerseits in irgendeiner Weise anschlußfähig, dem bisher Gedachten nahe genug sind, die andererseits aber in irgendeiner Weise bedeutsam für den Betroffenen sind, weil sie sich vom bisher Gedachten hinreichend unterscheiden. „Informationen", die Entwicklung anregen sollen, müssen also Neuigkeit enthalten, dürfen aber vom Bisherigen auch nicht zu weit entfernt sein.

Die Geschlossenheit in der Tiefenstruktur seiner Selbststeuerung verhindert – wie gesagt –, daß das Individuum, das Kind wie der Erwachsene, den von außen auf es einwirkenden Einflüssen und Interventionen nicht wie eine triviale Maschine hilf- und schutzlos ausgeliefert, d. h. von außen unbegrenzt manipulierbar ist. Zugleich ist seine spezielle, für den Außenstehenden nicht zu kalkulierende, eben von seinen inneren Prozessen abhängige Umweltoffenheit, seine Umweltsensibilität Voraussetzung für Wachstum, Lernen und Entwicklung. Mehr noch: Der Mensch ist als einzelner, als Individuum überhaupt nicht lebensfähig. Die Idee des Individuums „Mensch" stellt lediglich eine gedankliche Abstraktion dar, die in-

---

3 vgl. u.a. Spitz (1965); Oerter u. Montada (1987), S. 192 ff.

sofern gefährlich ist, als sie dazu verführt, das für die menschliche Existenz unerläßliche Beziehungsfeld zu ignorieren. Tatsächlich ist der Mensch ein soziales, auf den anderen lebensnotwendig angewiesenes Wesen. Als Kleinkind wächst er – vor allem durch den Erwerb der Sprache – in die Art und Weise hinein, wie wir gemeinsam die Welt sehen und interpretieren, wie wir eine gemeinsame Wirklichkeit konstruieren und wie wir uns Ideen über uns und unser Menschsein verschaffen.

Dieses Lernen aufgrund von Umwelteinflüssen, dieses Hereinwachsen in die gemeinsame Wirklichkeit und die kontinuierlichen Lernprozesse aufgrund neuer Erfahrungen bezeichnet man – wie schon gesagt – üblicherweise als Sozialisation. Doch dieser Begriff spiegelt in zu geringem Maße die Geschlossenheit des Nervensystems, d. h. die Tatsache, daß die gegebene interne Struktur zum jeweiligen Zeitpunkt darüber bestimmt, ob ein Außeneinfluß wirksam wird oder nicht und ggf., wie er wirksam wird. Die Gesamtheit der Außenreize, die auf ein Kind treffen, sind deshalb treffender zu kennzeichnen als Anregungen zur Selbstsozialisation (vgl. Luhmann 1987b, S. 77 ff.) des Kindes. Mit dem Begriff der Selbstsozialisation kommt zum Ausdruck, daß die Verarbeitung von Außenreizen ein aktiver Vorgang ist und daß eben die Struktur des Kindes darüber bestimmt, ob ein Außenreiz als relevant, als wichtig eingestuft wird und damit eine Verstörung auslöst, die interne Prozesse stimuliert, an deren Ende eine Veränderung der Struktur (der Einstellung, der Haltung, ein Mehr des Wissens etc.) stehen kann, aber keineswegs muß.

Die neuere Säuglingsforschung macht dies sehr deutlich, indem sie anschaulich zeigt, wie bereits das Neugeborene über eine Vielzahl von Fähigkeiten verfügt, die es in die Lage versetzen, aus der Fülle der Umweltreize aktiv auszuwählen. Schon der Säugling reagiert – sozusagen in eigener Entscheidung – auf bestimmte Außenreize, während er andere, ebenso „laute" Außenreize unbeachtet läßt.

Außenreize, die auf ein Kind treffen, sind also grundsätzlich zunächst einmal „nur" Anregungen zur Selbstsozialisation, d. h. Anregungen und Anstöße zum Lernen. Dabei ist es – aus Sicht des Kindes – völlig gleichgültig, ob die Außenreize rein zufällig auftreten, beispielsweise im absichtslosen Zusammenleben (Sozialisation), ob sie dem beispielhaften Vorleben eines bestimmten Verhaltens durch die ErzieherIn aus erzieherischer Absicht entspringen (intendierte Sozialisation als Sonderfall von Erziehung) oder ob diese Außenreize die absichtsvollen, auf ein Ziel ausgerichteten Einflußnahmen einer ErzieherIn darstellen (direkte Erziehung). Sie sind alle Anregungen zum selbstverantworteten Lernen, ganz unabhängig davon, ob sie erzieherisch beabsichtigt waren oder nicht. Diese grundlegende Aussage betrifft aber zunächst nur die Form des Handelns, die Inhaltsebene, und muß später differenziert werden.

Festzuhalten bleibt *als zweite für Erziehung wichtige Erkenntnis*, daß jeder Mensch, insbesondere das sich in besonders stürmischer Entwicklung befindliche Kind, auf Anregungen, auf Unterstützung, Förderung und Erziehung angewiesen ist. Das Kind wählt jedoch aus dem Anregungsangebot eigenständig aus, ist also auch beim Anregen und Unterstützen seitens des Erwachsenen ein eigenständiger, eigenwillig aktiver Partner. Das Kind ist wie der Erwachsene ein Mensch eigener Autonomie und Verantwortung, unbeschadet der Tatsache, daß es aufgrund seiner Abhängigkeit der Hilfe, Unterstützung und Förderung durch Erwachsene bedarf. Diese Förderung muß es erfahren auf der Basis von Respekt und Gleichberechtigung.

Noch ein weiterer Gesichtspunkt ist bei dieser Förderung elementar wichtig: Wie oben schon dargestellt handelt der Mensch, handelt das Kind aus seiner subjektiven Sicht, aus seinen momentanen Bedingungen und seiner individuellen geschichtlichen Auseinandersetzung mit der Umwelt im Augenblick immer funktional richtig, angemessen und passend. Das schließt nicht aus, daß ein außenstehender Beobachter eben dieses Verhalten als völlig unangemessen, nicht akzeptabel, als Fehler oder als schlecht bewertet. Wenn ich mich also auf ein Kind einlassen will, muß ich berücksichtigen, daß sein Verhalten seiner inneren Logik folgt. Das heißt also, daß ich mit meinen erzieherischen Maßnahmen an die Logik des Kindes anschließen muß, an seine Welt der Absichten, Wünsche, Vorlieben, Abneigungen und Bestrebungen. Aus der subjektiven Sicht des Kindes zum jeweiligen Augenblick gibt es kein „falsches" Verhalten. Dies ist eine Bewertung eines Beobachters. Alles, was das Kind tut, kann vielmehr als Ausgangspunkt für einen Entwicklungsprozeß dienen, in den die Bedürfnisse und Wünsche, die in dem Verhalten zum Ausdruck kommen, konstruktiv mit eingebaut werden.

Einflußnahmen müssen also an die Logik des internen Operierens des Kindes anschließen, sie müssen anschlußfähig, passend sein (genau das, was mit dem Begriff der „Passung" gemeint ist). Sie dürfen nicht zu weitreichend sein und Handlungen herausfordern wollen, die in der Logik des inneren Operierens des Kindes als zu gefährlich eingeschätzt werden, weil sie dann die innere Stabilität des Kindes gefährden würden.

Einflußnahmen müssen aber auch hinreichend bedeutungsvoll und interessant sein. Dies vergessen Erwachsene häufig, wenn sie mit einem Kind in längerer Auseinandersetzung sind und immer wieder die gleichen Ermahnungen, „Predigten" halten. Kinder bilden – wie alle Menschen – aufgrund ihrer Vorerfahrungen Erwartungen aus. In solchen Fällen fällt am ehesten erwartungswidriges Verhalten auf; nur dies ist interessant und neu. Und nur ein Verhalten, das dem anderen auffällt, geht nicht „zum einen Ohr rein und zum anderen wieder raus", sondern bewirkt wahrscheinlich in irgendeiner Weise Aktivierung, Aufmerksamkeit, Neugier. Erst damit hat es wirklich gute Chancen, wahrgenommen zu werden.

2.1.3 Die Gleichzeitigkeit von Autonomie und Abhängigkeit des Individuums

Um den Vorgang der Erziehung zu begreifen, ist es erforderlich, sich die Gleichzeitigkeit von autonomem Handeln aufgrund der operativen Geschlossenheit des Nervensystems einerseits und Umweltabhängigkeit andererseits vor Augen zu führen.

Menschliches Verhalten realisiert sich in der Folge der autonomen internen Prozesse des Individuums. Die Vielfalt der Möglichkeiten wird jedoch durch die Umweltbedingungen, unter denen das Individuum handelt, eingeschränkt. Dabei handelt es sich um Regeln und Verhaltensmuster, Ideen, Vorannahmen (Prämissen), Bedeutungen, Werte und Normen, die miteinander lebende Menschen, miteinander teilen. Solche Regeln, Bedeutungsgebungen und Verhaltensmuster sind vorgegeben und tradiert in der Sprache, in allgemeinen Verhaltenskodizes und in speziellen Verhaltensregeln und Verhaltensmustern, in Ideen und Wertvorstellungen einer jeden Gruppe, wie beispielsweise einer Familie, und werden im gemeinsamen Dialog ständig verändert, neu ausgehandelt und der Entwicklung des jeweiligen Systems mehr oder weniger gut angepaßt. Das heißt: Menschen, die miteinander leben, bilden füreinander die

Umwelt und bestimmen wechselseitig die Handlungsmöglichkeiten, aber nicht das Handeln des anderen. Die Umwelt ist also für das Individuum Möglichkeit und Grenze für sein Handeln.

Das bedeutet, daß menschliches Verhalten ohne Kenntnis der jeweiligen Umweltbedingungen, unter denen es auftritt, nicht verstehbar ist. Die Menschen, die miteinander leben, bilden mit ihren Regeln, Verhaltensmustern, Ideen und ihren Worten, die Bedeutung zuweisen und die Welt interpretieren, den „Möglichkeitsraum", den „Verhaltensspielraum" des jeweils anderen, innerhalb dessen manche Verhaltensweisen realisierbar sind, andere aber nicht. Änderungen im Verhalten der wichtigsten Interaktionspartner und Änderungen in der Beschreibung des Aktionsbereiches, Änderungen der Ideen und Regeln sowie Änderungen der Bedeutung, die wir Wörtern geben, verändern auch den Möglichkeits- oder Verhaltensspielraum der Beteiligten und führen zwar keineswegs mit Sicherheit, aber doch mit unterschiedlichen Graden an Wahrscheinlichkeit zu Änderungen im Verhalten des anderen – ohne allerdings, daß sicher festgelegt werden könnte, zu welchem Verhalten. Dabei ist dann das Verhalten des einen Bedingung, aber nicht Ursache für das Verhalten des anderen.

Diese Grundsituation mag verständlicher werden anhand eines kleinen Gedankenspiels, das auf Fritz Simon (1990) zurückgeht: Stellen Sie sich vor, Sie bekommen Besuch von einem „grünen Männchen vom Mars" und möchten ihm die Welt zeigen. Was liegt näher, als daß Sie mit ihm zu einem Fußballspiel gehen. Nun hat das Fußballspiel aber eine Besonderheit: Von den 25 Akteuren – 22 Spielern, dem Schiedsrichter und 2 Linienrichtern – tragen 24 eine Tarnkappe. Das grüne Männchen und Sie sehen nur einen Spieler. Und der läuft auf dem Platz in völlig unverständlicher Art und Weise umher, rennt grundlos von einer Seite zur anderen, hin und zurück, stürzt zu Boden, hält sich mit schmerzverzerrtem Gesichtsausdruck den Unterschenkel, stürmt dann aber wieder weiter, springt in die Höhe, kurz: Er benimmt sich schon ziemlich verrückt. Das grüne Männchen denkt natürlich darüber nach, welche Ursache dieses Verhalten haben könnte. Je nachdem, wie es auf dem Mars ausgebildet wurde, wird es möglicherweise denken: typisch hyperkinetisches Verhalten, große Unruhe, grobmotorisch sehr ungeschickt, die häufigen Stürze wahrscheinlich auch Hinweise auf ein Aufmerksamkeitsdefizit, vielleicht frühkindlicher Hirnschaden. Oder das grüne Männchen denkt: Dieser Mensch hat in seiner Jugend keine motorischen Lernerfahrungen machen können, war zu sehr eingeengt, in seiner Bewegungsfreude gehindert, ist deswegen grobmotorisch sehr ungeschickt, aber voller Bewegungsdrang. Vielleicht denkt das grüne Männchen auch nur, bei dem Mann müsse eine Schraube locker sein, oder es hat andere Annahmen darüber, was in dieser Person gestört und nicht in Ordnung ist.

Nun aber geschieht etwas Spannendes: Nach und nach nehmen die anderen Spieler, Schiedsrichter und Linienrichter ihre Tarnmützen ab. Nun auf einmal erkennt unser grünes Männchen vom Mars Zusammenhänge: Das Verhalten unseres ersten Spielers erscheint ihm plötzlich völlig einsichtig und verständlich. Dessen Handlungen bekommen für ihn einen Sinn. Sie haben offensichtlich zu tun mit den Handlungen der anderen Spieler: sein Sturz mit der Rempelei eines anderen, sein Schienbeinschmerz mit dem Fußtritt eines anderen, und offensichtlich spielt der Ball auch noch eine Rolle. Unser grünes Männchen erkennt aber noch mehr: Es durchschaut nämlich allmählich, daß es da offensichtlich Regeln gibt, die das Verhalten der Spieler steuern, daß die Spieler manches tun dürfen, aber auch manches nicht, z. B. den Ball mit der Hand ins gegnerische Tor schlagen; denn dann pfeift dieser Mann in der schwarzen Hose.

Das grüne Männchen beobachtet jetzt die Verhaltensweisen unseres ersten Spielers in seinem Verhaltensspielraum, in seinem Möglichkeitsraum. Diese werden bestimmt durch den Sinn des Spiels bzw. die Spielaufgabe, den Ball ins gegnerische Tor zu befördern, durch die Regeln und durch das Verhalten der anderen Spieler. Es erkennt auch gut das Verhältnis von sozialer Gebundenheit des Verhaltens und individuelle Freiheit. Denn wenn der Spieler Müller auf den Spieler Meier eine Flanke schlägt, dann legt Müller den Verhaltensspielraum von Meier fest; innerhalb dieses Verhaltensspielraums allerdings kann Meier autonom entscheiden: direkter Torschuß, Paß zum nächsten Spieler, Kopfball o.ä. (womit er dann wiederum die Verhaltensmöglichkeiten seiner Mitspieler bestimmt). Auch die persönlichen Qualifikationen spielen eine Rolle. So wäre es wahrscheinlich ein Unterschied, ob ein zweiter Beckenbauer da steht oder ein Spieler der dritten Kreisklasse.

Diese Tatsache nun, daß jedes Individuum in seinen Handlungsmöglichkeiten durch die Umweltbedingungen, unter denen es lebt, eingeschränkt ist, daß ihm aber ein – in seiner Größe jeweils unterschiedlicher – Verhaltensspielraum oder Möglichkeitsraum für eigenständiges Handeln zur Verfügung steht, diese Tatsache ist *eine dritte für Erziehung wichtige Erkenntnis*. Denn jeder Erzieher steht von Zeit zu Zeit vor der Frage: „Will das Kind nicht oder kann es nicht?" Aber wie immer ist auch hier die Entweder-oder-Frage falsch gestellt. Vielmehr müßte die Frage lauten: „Wie sehr bzw. wie weit ist sein Möglichkeitsraum eingeschränkt und wie klein bzw. wie groß ist sein Raum für eigenverantwortetes Handeln?" Erst aus dieser Überlegung heraus, die beide Positionen – das Nicht-Können und das Können – bedenkt, ist sinnvolles erzieherisches Handeln möglich.

Selbstverständlich darf nicht übersehen werden, daß Umweltbedingungen, so auch Erziehungsmaßnahmen, durch die unterschiedlichsten Formen von Gewalt – rein körperliche Gewalt, strukturelle Gewalt, kulturell vorgeprägte oder andersartige Gewalt – geprägt sein können, so daß der Möglichkeits- oder Verhaltensspielraum des Individuums erheblich oder nahezu völlig eingeengt ist. In der Mehrzahl der Situationen bleiben dem Individuum aber Möglichkeiten der Selbstbestimmung. Dies wird bei Betrachtung von Handlungszusammenhängen noch deutlicher, da dann erkennbar wird, daß der Möglichkeits- bzw. Verhaltensspielraum des Akteurs in der aktuellen Situation durch seine eigenen vorausgegangenen Entscheidungen zwischen den jeweils möglichen Handlungsschritten mitbestimmt wird.

So war die Flanke von Müller in dem obigen Gedankenspiel Bedingung (aber nicht Ursache) für den Torschuß, den Kopfball oder die sonstige Handlung von Meier. Die Flanke bestimmte in der aktuellen Situation seinen Möglichkeitsraum bzw. seinen Verhaltensspielraum. Betrachtet man nun allerdings einen größeren Teil der Gesamthandlung Fußballspiel, in diesem Fall die dem Augenblick der Flanke vorausgehenden Handlungen, dann wird deutlich, daß Meier in mehreren vorausgegangen Entscheidungssituationen unter den jeweils gegebenen Möglichkeiten bereits selbst den eigenen Möglichkeitsraum zum Zeitpunkt der Flanke dadurch beeinflußt hat, daß er sich beispielsweise in geschickter Weise von seinem Gegner gelöst und so freigelaufen hatte, daß er die Flanke ungestört annehmen konnte. Aber auch in diesen vorangegangenen Aktionen waren seine Verhaltensmöglichkeiten wieder eingegrenzt durch das Verhalten seiner Gegen- bzw. Mitspieler.

Die wichtige Erkenntnis für Erziehung aus diesen Überlegungen muß deshalb lauten: In jeder einzelnen Handlungssituation und jeder Handlungsfolge ist das Individuum, ist das Kind in seinen Möglichkeiten in mehr oder weniger starkem Umfang eingegrenzt und eingeschränkt. Es wird aber – abgesehen von den Fällen extremer Gewalt – in seinen Handlungen nicht durch die Umwelt festgelegt, sondern bestimmt eigenständig innerhalb dieses Möglichkeitsraumes bzw. dieses Verhaltensspielraums über seine Handlungen.

Der Mensch hat also immer auch Verantwortung für sein Handeln zu übernehmen, selbst wenn seine lebensgeschichtlichen und aktuellen Bedingungen als sehr ungünstig zu werten sind. Dies gilt umso mehr, als er durch sein Handeln Einfluß genommen hat und Einfluß nimmt auf seine Umwelt, auf sein aktuelles soziales System, beispielsweise seine Familie. Beide – das Individuum und die soziale Umwelt – sind als autonome Systeme zu verstehen, die sich wechselseitig „verstören", „beunruhigen", in „Unruhe bringen" und zu Entwicklung anregen, aber nicht in ihren jeweiligen Reaktionen festlegen lassen. Der Mensch ist zumeist Mitglied vieler sozialer Systeme, die ihm einen je anderen Verhaltensspielraum ermöglichen, wodurch sich erklärt, daß sich ein und derselbe Mensch in verschiedenen sozialen Situationen ganz unterschiedlich verhalten kann.[4]

2.2. Die erzieherische Beziehung aus der Sicht des Kindes

2.2.1 Die Bereitschaft, Erziehung zu akzeptieren
Insbesondere beim Menschen als einem Lebewesen in Sprache wird der Vorgang der erzieherischen Interaktion zusätzlich kompliziert durch die Tatsache, daß die zu Erziehende auf der Beziehungsebene

---

4 Der Begriff Mitglied wurde in diesem Zusammenhang von Kurt Ludewig geprägt, um deutlich zu machen, daß nicht das Individuum selbst Teil des sozialen Systemes ist, sondern daß es sich dabei um kommunikative Einheiten handelt, die mit dem Indiviuum strukturell gekoppelt sind. Nur so ist es möglich, daß ein Mensch gleichzeitig Mitglied in einer Reihe unterschiedlicher sozialer Systeme sein kann.

affektiv-kognitive Bewertungen der auf sie treffenden Außenreize vornimmt. So tritt zunächst einmal eine Differenzierung dadurch auf, daß das Kind eine Bewertung der Außenreize dahingehend vornimmt, ob es sie für zufällig aufgetreten oder aber für erzieherisch beabsichtigt einschätzt (was keineswegs mit den tatsächlichen Absichten oder Nicht-Absichten einer ErzieherIn übereinstimmen muß).

Deutet es nun die Außenreize als erzieherisch intendiert, wird es sich „entscheiden" (im Sinne eines oft nicht bewußten affektiv-kognitiven Prozesses), ob es sich erziehen lassen will oder nicht. Das Kind wird also darüber bestimmen, ob es der „AutorIn" der erzieherischen Intervention die Rolle einer ErzieherIn zubilligt, beispielsweise sie als reifer, erfahrener und wissender akzeptiert, und ob es für sich selbst die Rolle der zu Erziehenden annehmen mag. Anders ausgedrückt: Das Kind wird darüber entscheiden, ob es die für die ErzieherIn-Zögling-Beziehung grundlegende Asymmetrie (es muß klar sein, wer lehrt und wer lernt) akzeptiert.

Diese Akzeptanz der Rolle der zu Erziehenden hängt in unserer Kultur wesentlich vom Alter und von der Altersrelation ab. Erwachsene lassen sich ungern von Erwachsenen erziehen, aber auch Kinder ungern von Gleichaltrigen. Demgegenüber zeigen Kinder, je jünger sie sind, im Kontakt mit Erwachsenen recht bereitwillig diese „Responsibilität", diese Bereitschaft, vom anderen zu lernen und sich erziehen zu lassen.

Das zwingt zu generellen Überlegungen, wie lange Kinder überhaupt bereit sind, sich erziehen zu lassen. Die Antwort ist abhängig einerseits von der kulturellen Norm und den kulturellen Bedingungen und andererseits von individuellen Faktoren. Hinsichtlich der kulturellen Norm und der kulturellen Bedingungen ist an die Überlegungen des ersten Teils anzuschließen. Vorschulkinder und Grundschulkinder dürften in der Regel noch kein Problem erleben, wenn sie die Erziehungsabsichten eines Erwachsenen wahrnehmen. Anders ist dies schon bei Kindern nach dem Ende des ersten Lebensjahrzehntes: Sie erklären immer mehr Bereiche als ihrer Entscheidung allein zugeordnet, Bereiche, in denen sie Erziehung nicht mehr akzeptieren.

Luhmann hat im übrigen darauf hingewiesen, daß in unserer Kultur vor allem zwei Systeme ausgeformt wurden, die in erster

Linie diesem Zweck dienen, sich bereitwillig erziehen (und bilden) zu lassen: die Familie und die Schule. Beide Systeme wurden „geschaffen", um über die Selbstverständlichkeit der dort herrschenden Beziehung diese für Erziehung (und Bildung) entscheidende Frage beim „Zögling" gar nicht erst aufkommen zu lassen. In beiden Systemen gibt es dem tradierten Verständnis nach Erfahrene und Unerfahrene, Wissende und Nicht-Wissende, das heißt, es gibt kulturell festgelegte Vorstellungen darüber, wer die Rolle der Erziehenden und wer die Rolle der zu Erziehenden annimmt.

Diese Rollenübernahme „funktioniert" bei jüngeren Kindern auch heute noch relativ problemlos und damit „funktioniert" Erziehung. Man braucht sich da nur das Vorschulkind anzuschauen, wie es den Hinweisen der Mutter folgt, um auch schon „groß" zu sein. Man braucht auch nur die Kinder bei der Einschulung und in den ersten Jahren der Grundschule zu betrachten, für die die LehrerIn die uneingeschränkte Autorität darstellt, von der sie sich ganz selbstverständlich erziehen und unterrichten (bilden) lassen. Allerdings geht die Selbstverständlichkeit der Rollen in diesen sozialen Systemen Familie und Schule heutzutage mit wachsendem Alter viel schneller als früher verloren und damit auch die Wirksamkeit überkommener erzieherischer Maßnahmen. Ein Blick auf die Familien oder in die Schulen bestätigt das sehr rasch.[5] Hinzu tritt, daß die klassische „heile" Familie immer seltener wird und daß beispielsweise Stiefmütter oder Stiefväter als ErzieherInnen in unserer Kultur sehr viel weniger akzeptiert werden als leibliche Eltern.

2.2.2 Die Bereitschaft, die jeweilige ErzieherIn zu akzeptieren

Die Bereitschaft, sich erziehen zu lassen, hängt aber nicht nur generell von den individuellen Haltungen des Kindes und den jeweiligen Systembedingungen ab, sondern auch davon, wie das Kind die erzieherischen Handlungen der jeweiligen ErzieherIn kognitiv-

5 So äußerte Roger Fauroux, ehemaliger Präsident der Katholischen Universität von Paris und Minister der französischen Regierung in einem Interwiev: „Es fällt zusehends schwerer, Wissen zu vermitteln. Nicht etwa, weil die heutigen Kinder intellektuell nicht mehr in der Lage wären, Wissen aufzunehmen, sondern weil sie es nicht mehr wollen. Wir stellen eine wachsende Abneigung gegen die Schule fest, und zwar ganz besonders in Problemgebieten." (DIE ZEIT, Nr. 3, 10.1.1997)

emotional bewertet. Diese Bewertungen erfolgen unter drei verschiedenen Kriterien,

- als eine Bewertung der *Person* der ErzieherIn, ihrer Bedeutung und ihres Einflusses sowie ihrer vermuteten Beweggründe und Absichten,
- als eine Bewertung der von der ErzieherIn intendierten Erziehungs*ziele* darauf, ob sie dem Kind nützlich erscheinen oder nicht, ob sie seinen Interessen und Wertvorstellungen entsprechen und ob sie dem Kind sinnvoll erscheinen,
- als eine Bewertung des *Selbstbildes* (z. B. als Versager oder als erfolgreich selbstverantwortlich Handelnder), das mit der Durchführung der von der ErzieherIn gewünschten Handlung oder der Übernahme der von der ErzieherIn gewünschten Einstellung verbunden ist.

1. Die Bewertung der *Person* der ErzierherIn ist – wie schon angesprochen – wesentlich vom Alter bestimmt. Vorschulkinder beispielsweise erleben die Überlegenheit des Erwachsenen noch deutlich bzw. umgekehrt die Notwendigkeit, noch sehr viel zu lernen, um erwachsen zu werden. Entsprechend ist ihre Bereitschaft hoch, Anregungen von Erwachsenen anzunehmen.

Mit zunehmendem Alter differenzieren die Kinder stärker, und ihre Bereitschaft, Anregungen der ErzieherIn aufzunehmen, hängt in wachsendem Umfang davon ab, wie sie die Bedeutung und Wichtigkeit der ErzieherIn für sich selber, aber auch ihr Ansehen, ihren Einfluß und ihre Stellung im sozialen Feld bewerten.

Darüber hinaus nehmen Kinder auch eine Bewertung der Erziehungshandlungen der ErzieherIn, vor allem eine Einschätzung ihrer Beweggründe und Absichten vor. Bekanntermaßen entwickeln Kinder einen ausgeprägten Gerechtigkeitssinn und werden die erzieherischen Handlungen u.a. danach beurteilen, ob sie sie als gerecht und angemessen empfinden. Sie spüren den Beweggründen der ErzieherIn nach und entwickeln sehr konkrete Vorstellungen darüber, ob die ErzieherIn bei ihren Handlungen tatsächlich das Wohl des Kindes im Sinn und im Auge hat, ob sie es gut mit ihm meint oder ob sie vornehmlich eigenen Bedürfnissen folgt. (Dabei können Kinder zumeist gut akzeptieren, wenn der Erwachsene offen eigene persönliche Bedürfnisse für den Augenblick in den Vordergrund stellt, wenn sie denn wissen, daß der Erwachsene eine angemessene Zeitspanne später bereit ist, sich auf ihre Wünsche und Bedürfnisse einzustellen.)

Selbstverständlich hängt die Bewertung der ErzieherIn durch das Kind wesentlich von den Vorerfahrungen ab, die das Kind mit dieser ErzieherIn gemacht hat. Hat es Aufmerksamkeit und Zuwendung erfahren und darauf aufbauend ein stabiles Selbst*vertrauen* entwickeln können? – Hat es sich in der Interaktion mit der ErzieherIn als prinzipiell gleichberechtigte Person erlebt, der die Fähigkeit zugebilligt wird, entsprechend seinem Entwicklungsstand autonom aus vernünftiger Einsicht zu handeln, und auf diese Weise die kognitive Achtung erfahren, die zur Selbst*achtung* bei dem Kind führt? Hat es erfahren, daß seine Eigenschaften, seine Fähigkeiten, seine Tätigkeiten und seine Leistungen von der ErzieherIn wertgeschätzt und bei gemeinsamen Handlungen, bei der Verfolgung gemeinsamer Ziele genutzt und als wichtig erachtet werden und somit über die soziale Wertschätzung Selbst*schätzung* bzw. Selbst*wertgefühl* entwickelt? – Und schließlich: Hat die ErzieherIn die Bedeutsamkeit der Werte und Regeln, die sie von dem Kind fordert, dadurch vermitteln können, daß sie sich selbst an diese Werte und Regeln hält und sie beachtet?

Ist dies gelungen, wird das Kind diese positiven Erfahrungen mit der ErzieherIn in Verbindung bringen und aus einer positiven Bewertung vorausgegangener Erfahrungen mit dieser ErzieherIn, d. h. aus einer positiven Bewertung ihrer Person eine hohe Bereitschaft zeigen, sich von dieser ErzieherIn erziehen zu lassen.

2. Ebenso nehmen Kinder ganz selbstverständlich Bewertungen der von der ErzieherIn verfolgten Erziehungs*ziele* vor, bewerten also, ob diese Ziele in ihrem Bezugssystem sinnvoll erscheinen und den eigenen Wertvorstellungen und Wünschen entsprechen. Dies gilt unabhängig davon, ob diese Wertvorstellungen und Wünsche aus Sicht eines Beobachters angemessen und für das Kind nützlich und förderlich erscheinen.

3. Schließlich wird die Bereitschaft, sich erziehen zu lassen, wesentlich davon abhängen, ob ein Kind bestimmte Anregungs- oder Lernformen (z. B. selbständiges Lernen versus Erledigung von auf-

gezwungenen Aufgaben) oder bestimmte Anregungs- oder Lern-effekte (z. B. „schon" etwas können, in besonderer Weise etwas be-herrschen) als Gewinn oder als Gefahr für sein Selbst*bild* erlebt. Hier spielen in der aktuellen Situation gleichermaßen Zukunft und Ver-gangenheit eine Rolle. Denn das Kind wird auf Erfahrungen in vor-ausgegangenen Situationen zurückgreifen und entsprechende Er-wartungen im Hinblick auf die Zukunft ausbilden. Hat es in voran-gegangenen Situationen zumeist die Rückmeldung bekommen, daß es die gewünschte Handlung doch nicht geschafft hat oder daß es sie doch nicht gut genug bewältigt hat, so wird es eine negative Er-wartung mit der von der ErzieherIn gewünschten Handlung ver-binden und mit hoher Wahrscheinlichkeit Erziehung verweigern.

Erfolgreiches erzieherisches Handeln wird also wesentlich da-von abhängen, ob es gelingt, die gewünschte Handlung in der Vor-stellung des Kindes mit positiven Erwartungen hinsichtlich der Be-wertung seines Selbstbildes, also mit Selbstbewußtsein, Stolz oder ähnlichem in Verbindung zu bringen.

2.3 Die Fähigkeit zur Selbsterziehung

Kleine Kinder lernen – das ist immer wieder gut zu erkennen –, in-dem sie Erwachsene beobachten und deren Handlungen imitieren. Dieses Lernen durch Nachahmung ist ein anschauliches Beispiel für Selbstsozialisation.

Im Verlaufe der Kindheit erlernen die Kinder jedoch noch eine weitere Fähigkeit, die wesentlich voraussetzungsvoller und kom-plexer ist, die jedoch das ganze Leben über von hoher Bedeutung für die Entwicklung des Individuums bleibt: Die Fähigkeit zur Selbsterziehung.

Voraussetzung hierfür ist die Fähigkeit eines Systems – eines Kindes –, Beobachter seiner selbst zu werden und nicht nur seiner selbst, sondern Beobachter seiner selbst in seiner Umwelt zu wer-den. Das System, das Kind, entwickelt sozusagen die Fähigkeit, aus sich herauszutreten und eine „exzentrische Positionalität" einzuneh-men. Es beobachtet seine Identität und deren Wirkung in der Um-welt und beobachtet darüber hinaus seine Wirkung auf die Umwelt und die Rückwirkung der Folgen seines Handelns in der Umwelt auf sich selbst. Luhmann spricht in diesem Zusammenhang von der Fähigkeit zur Reflexion.[6]

Reflexion ist nur möglich, wenn das System – das Kind – über ein Selbstbild verfügt und zudem bereit und in der Lage ist, eine Distanz zu seiner eigenen Selbstbeschreibung einzunehmen. Diese Distanz ist Grundlage dafür, daß das sich selbst als Einheit beobachtende System – das Kind – auf die Idee kommen kann, daß diese Einheit auch ganz anders aussehen könnte. Es kann dann auf die Idee kommen, in hypothetischer Weise mit alternativen Formen seiner Identität zu spielen, unterschiedliche Veränderungen seiner Identität vorausschauend zu durchdenken und somit eine bestimmte Richtung der eigenen Entwicklung anzusteuern.

Selbsterziehung setzt somit voraus, daß ein System seine Identität auf deren Wirkung hin beobachtet, diese Beobachtungen und alternative Möglichkeiten in die Zukunft denkt und daraus Schlüsse für eine mögliche Veränderung der eigenen Identität zieht. Das heißt: Das System selbst – das Kind selbst – setzt sich Ziele, in Richtung derer es sich entwickeln will. Dieses erfolgt aus einer Beobachterposition seiner selbst. Damit schafft das System – das Kind – sich selbst Außenreize aufgrund eigener erzieherischer Absichten. Diese selbstgeschaffenen Außenreize wirken – mehr oder weniger erfolgreich, aber in ihrer Wirkung auch nicht kalkulierbar – auf das eigene operational geschlossene Nervensystem ein und haben somit prinzipiell das gleiche ungewisse Schicksal wie alle erzieherischen Interventionen. Die mit zunehmendem Alter gewachsene und schließlich hohe Vertrautheit des sich selbst beobachtenden Systems mit sich selbst erhöht allerdings die Wahrscheinlichkeit erfolgreicher selbsterzieherischer Interventionen (vergleichbar den Verhältnissen bei einem miteinander eng vertrauten alten Ehepaar).

Dieser Sachverhalt sei noch einmal mit anderen Worten beschrieben: Der Mensch ist von seiner neurologischen Ausstattung her in der Lage, die natürlichen Grenzen seiner Sinne in zeitlicher und räumlicher Hinsicht zu durchbrechen und damit die Person-Umwelt-Schnittstelle zu öffnen. Sein Erlebnishorizont ist nicht auf das mit den Sinnen Wahrnehmbare eingeengt; denn er vermag sich denkend in die Vergangenheit und Zukunft zu begeben, vermag for-

---

6 vgl. Luhmann 1985, S. 617; Willke 1993, S. 108 ff.; Willke 1994, S. 107 ff.; Büeler 1994, S. 124 ff.

schend neue Bereiche der Welt zu erschließen. Der Mensch kann aber eben nicht nur die Welt zum Objekt seiner Betrachtung machen, sondern auch sich selbst. Er kann die Fähigkeit erlangen, sich sowohl der Welt als auch sich selbst gegenüber distanziert zu verhalten. Er kann aus sich heraustreten, sich selbst beobachten und mit anderen vergleichen. Ein solcher Vergleich kann beispielsweise als Basis dienen für den Wunsch, sich selbst zu verändern, seine Persönlichkeit weiterzuentwickeln. Bei diesem Prozeß der Weiterentwicklung seiner selbst stößt er aber prinzipiell auf dieselben Grenzen und Beschränkungen, auf die auch ein (anderer) außenstehender Erzieher stößt.

Dieser Prozeß der Selbstbeobachtung bzw. Reflexion ist eng gekoppelt mit der Fähigkeit des Menschen, Veränderungen seiner selbst und imaginierte, vorgestellte Identitäten in die Zukunft zu denken, und dies nicht nur isoliert, sondern im hypothetischen Zusammenspiel mit der Umwelt. Reflexion setzt demnach voraus, im Hier und Jetzt und für die Zukunft eine Beziehung zu sich selbst herzustellen mit dem Ziel, sich selbst als Teil eines vernetzten Ganzen zu begreifen, Relationen und Relativitäten vorweg zu phantasieren und dabei die Funktions- und Entwicklungsbedingungen anderer betroffener Systeme zu berücksichtigen.

Das Bedürfnis, sich mit anderen zu vergleichen, tritt im Laufe der kindlichen Entwicklung schon relativ früh auf und dient vor allem der Beantwortung der Fragen: „Wer bin ich? Wie unterscheide ich mich von den anderen? Wie sind meine charakteristischen Eigenschaften?" Hinzu treten die Fragen: „Wer sind die anderen? Wie unterscheiden sich die anderen von mir? Wie sind ihre charakteristischen Eigenschaften?" Als nächste, für Selbsterziehung entscheidende Fragestellungen folgen sodann: „Wie möchte ich in Zukunft sein? In welcher Weise möchte ich dem einen oder anderen Vorbild ähnlich werden? Welche charakteristischen Eigenschaften möchte ich in Zukunft haben?" Und: „Wie werden meine Eltern und meine Geschwister reagieren, wenn ich mich in dieser (vorphantasierten) Art verhalte? Wie werden sich dann meine MitschülerInnen verhalten, und was wird die LehrerIn sagen?"

Es liegt auf der Hand anzunehmen, daß in diesem Zusammenhang Eltern und LehrerInnen in der Wahrnehmung des Kindes von großer Bedeutung sind. Leitfiguren, die Aktivitäten der Selbsterziehung stimulieren, können aber auch Filmstars, FußballspielerInnen, MusikerInnen bis hin zu den Religionsstiftern wie Buddha, Christus, Konfuzius und Muhammad sein. Sie alle können als lebendige Verkörperungen von Lebenseinstellungen, Lebensstilen und Idealen dienen.

Der Vergleich und die Feststellung, daß eine andere Person einem von dem Individuum selbst und/oder seiner Umwelt erwünschten Zustand näher kommt, führt nun aber keineswegs zwangsläufig zu Bemühungen um Selbsterziehung. Damit das System – das Kind – Anstrengungen zur Selbsterziehung in Richtung des erwünschten Zustandes übernimmt, wird es das Ziel als praktisch erreichbar bzw. annähernd erreichbar beurteilen müssen. Das setzt in vielen Fällen die Fähigkeit voraus, große Ziele in mehrere Einzelschritte geteilt wahrnehmen zu können sowie die ermutigende Erfahrung, daß es möglich ist, sich schrittweise einem großen Ziel zu nähern. Wird der Unterschied als zu groß erlebt, das Ziel als praktisch unerreichbar beurteilt, kommt es wahrscheinlich zu Entmutigungen, zur Feststellung eines „Das erreiche ich nie!", zu Passivität und Resignation.

3. Erziehung aus Sicht der ErzieherIn

3.1 Die erzieherische Handlung aus der Sicht der ErzieherIn

3.1.1 Konsequenzen aus der Autonomie kindlichen Handelns

Betrachtet man die Vorgänge, die sich in erzieherischen Interaktionen abspielen, einseitig *von Seiten der ErzieherIn*, so wird man zunächst daran erinnern müssen, daß es keine spezifischen erzieherischen Verhaltensweisen gibt. Erzieherisch werden alle Verhaltensformen erst dann und zwangsläufig dann, wenn sie mit der Absicht ausgeführt werden, einen anderen in seiner Entwicklung anzuregen und zu stimulieren in Richtung auf ein von der ErzieherIn angestrebtes Ziel. (Hier liegt der Unterschied zu einer BeraterIn oder einer TherapeutIn, die anregend und stimulierend in Richtung eines vom zu Therapierenden angestrebten Ziels handeln, das von der rat- oder therapiesuchenden Person gewählt und angestrebt wird.[1])

Dabei kann es Übergänge geben zwischen einer Beratung des Kindes durch eine Erwachsene und Erziehung seitens dieser Erwachsenen. Dies ist beispielsweise der Fall, wenn ein Kind eigenständig ein Ziel wählt, das es erreichen möchte. Hinweise der Erwachsenen, die das Kind dabei unterstützen, sind dann als Beratung anzusehen. Nun kann es aber geschehen, daß das Kind nach kurzer Zeit das Interesse an dem einmal gewählten Ziel verliert (z. B. weil der Erfolg sich nicht so schnell einstellt). Wenn die Erwachsene nun der Ansicht ist, die einmal getroffene Entscheidung des Kindes müsse weiter gelten, und sie deshalb das Kind neu zu motivieren und anzuregen versucht, dann wechselt sie von Beratung zu Erziehung (beispielsweise mit dem Ziel, eine Anstrengungsbereitschaft über dann doch zu erreichende Erfolge anzuregen).

1 vgl. Ludewig 1987; Rotthaus 1990, S. 189–195.

Erziehung setzt also voraus, daß die ErzieherIn ein Erziehungsziel wählt und durch ihre erzieherischen Maßnahmen zu erreichen sucht. Dies gilt unabhängig davon, ob das angestrebte Ziel erreicht wird oder sich z. B. in sein Gegenteil verkehrt. Die Tatsache, daß ein Verhalten oder eine Handlung allein dadurch zu einem erzieherischen Verhalten oder einer erzieherischen Handlung wird, daß ihm bzw. ihr eine erzieherische Absicht zugrunde liegt, bleibt auch unberührt durch die Frage, ob das Verhalten oder die Handlung der erzieherischen Absicht, dem erzieherisch Intentierten angemessen ist oder nicht.

Aus dem, was im Vorausgegangenen über zu Erziehende, z. B. das zu erziehende Kind, gesagt wurde, resultieren nun eine Reihe von *Folgerungen für die ErzieherIn*:

Zum ersten: Erziehung und vor allem auch korrigierende Erziehung im Falle eines von einem Beobachter als auffällig oder störend gewerteten Verhaltens, d. h. Erziehung als Veränderungsstrategie muß berücksichtigen, daß das Kind in seinem Verhalten zunächst und in erster Linie seiner eigenen Logik gehorcht, seiner eigenen Selbststeuerung. Es zeigt grundsätzlich das Verhalten, welches angesichts seiner augenblicklichen inneren Struktur als Folge seiner spezifischen Entwicklung, seiner lebensgeschichtlichen Auseinandersetzung von genetischer Ausstattung und Umweltreizen, als Folge seiner sich entwickelnden Struktur und immer wieder neuen Umweltbedingungen richtig und angemessen ist. Auch das für den Außenstehenden auffällige und störende Verhalten des Kindes ist für dieses in seiner gegebenen Situation funktional, notwendig und systemerhaltend. Dies gilt auch für selbstschädigendes Verhalten des Kindes. Auch hier muß der Beobachter zunächst davon ausgehen, daß in der Welt des Kindes sogar selbstschädigendes Verhalten, beispielsweise die Selbstmordhandlung für den Jugendlichen, die weniger schlechte – in manchen Fällen auch vertrautere – Möglichkeit ist und insofern in seiner Logik Sinn gewinnt. Es wäre also völlig widersinnig, den Jugendlichen davon überzeugen zu wollen, daß Selbstmord sinnlos ist.[2]

Die Wahrnehmung und Anerkennung dieser Bedingung erzeugt ein für Erziehung grundlegendes Spannungsverhältnis im Falle ei-

2 vgl. Willke 1994, S. 104; Rotthaus 1998

nes erzieherischen Änderungswunsches seitens der ErzieherIn. Selbstverständlich ist die ErzieherIn zu der klaren Botschaft berechtigt – und ggf. aus ethischen Gründen sogar verpflichtet –, daß ein bestimmtes Verhalten von der ErzieherIn nicht akzeptiert und das Kind deshalb aufgefordert wird, dieses Verhalten zu ändern. Daneben muß aber als zweite Botschaft stehen, daß die ErzieherIn durchaus anerkennt, daß dieses Verhalten für das Kind im Augenblick subjektiv wichtig und richtig ist. Die zweite Botschaft ändert nichts an der erzieherischen Forderung. Aber sie sichert dem Kind die Anerkenntnis seiner Würde als eigenständiges, prinzipiell autonomes Wesen.

Diese Wahrnehmung ist Grundlage der erzieherischen Begegnung und Inhalt des erzieherischen Dialoges, eines möglicherweise unausgesprochenen, aber mitschwingenden Dialoges der Art: „Du bist davon überzeugt, dieses Verhalten zu brauchen. (Aus irgendwelchen Gründen, die ich nicht verstehe, ist dieses Verhalten für Dich jetzt richtig und stimmig.) Aber können wir gemeinsam über Alternativen nachdenken, über Möglichkeiten des Handelns, das deinen Notwendigkeiten entspricht und doch gleichzeitig das unerwünschte Verhalten mit seinen negativen Begleit- und Folgeerscheinungen nicht notwendig macht?" Es ist ein Dialog, in dem die ErzieherIn davon ausgeht, daß das unerwünschte Verhalten von dem Kind nicht „ersatzlos" aufgegeben werden kann. Dabei dürfte es hilfreich sein, wenn die ErzieherIn versucht, sich in die Systemdynamik des Kindes hineinzudenken, d. h. über die Bedeutung und die Funktion des auffälligen Verhaltens nachzudenken, um den bzw. einen Sinn dieses Verhaltens möglicherweise zu verstehen.

Zum zweiten: Auch wenn letztlich die zu Erziehende – das Kind – über das Schicksal erzieherischer Interventionen bestimmt, so ist doch die Tatsache nicht zu übersehen, daß die Reaktionen auf erzieherische Maßnahmen in einem bestimmten Umfang von seiten der ErzieherIn vorhersehbar sind. Dies wird der ErzieherIn dadurch möglich, daß sie nicht nur außenstehende BeobachterIn der Handlungen des Kindes bleibt, sondern die innere Logik des Systems – des Kindes – zu verstehen sucht.

Zweifellos ist die Psyche jedes einzelnen Menschen so komplex, daß wir sie nie kennen können. Doch ist uns grundsätzlich die Fähigkeit gegeben, uns in den anderen hineinzudenken. Möglich wird dies dadurch, daß wir mit dem anderen viele Gemeinsamkeiten haben. Wir teilen mit ihm die grundlegende Art und Weise, die Umwelt zu sehen und zu interpretieren – teilen mit ihm die allen Menschen in ihren Grundanschauungen gemeinsame Wirklichkeitskonstruktion – und verfügen mit ihm gemeinsam über eine Sprache, die wesentliche Grundlage dieser gemeinsamen Wirklichkeitskonstruktion ist. Auf der Basis dieser relativ sicheren Gemeinsamkeiten kann die ErzieherIn auf zwei unterschiedlichen Wegen ihre eigene Person benutzen, das Kind besser kennenzulernen, d. h. zunächst einmal vom Kind zu lernen, wie es fühlt, denkt und handelt. So ist sie in der Lage, sich selbst als Modell für die inneren Prozesse des Kindes zu benutzen, sich selbst also zu fragen: „Wie würdest du reagieren, wenn …? " Die Tatsache allerdings, daß das Kind sich in seinem inneren Prozessieren möglicherweise erheblich von ihr unterscheidet, bringt Unsicherheit in den Prozeß.

Darüber hinaus kann die ErzieherIn Ideen und Vorstellungen über die innere Logik des kindlichen Systems entwickeln, indem sie sich selbst daraufhin beobachtet, wie Körpersprache, Worte und Handlungen des Kindes auf sie wirken. Das, was sie, die ErzieherIn, selbst empfindet – so wird sie schließen –, könnte dem entsprechen, was der Körpersprache, den Worten und Handlungen des Kindes zugrunde liegt. Aber auch dieser Weg des Sicheinfühlens bringt Unsicherheit.

Darum gehört zum Prozeß des Verstehens als weiterer Schritt die Nachfrage bei dem anderen, ob das modellhaft an der eigenen Person Wahrgenommene dem entspricht oder dem ähnlich ist, wie er empfindet. Dieses Nachfragen ist aber wieder mit viel Unsicherheit behaftet, weil es voraussetzt, daß die anderen in der Lage sind, sich selbst zu beobachten und mit dem Gegenüber über das innere Erleben zu kommunizieren (was gerade Kindern häufig sehr schwer fällt).

Da uns aber kein direkter Weg zur Verfügung steht, die inneren Prozesse des Kindes zu beobachten, bleibt nur die Möglichkeit, sich in der dargestellten Art in die innere Logik des anderen hineinzudenken. Das bedeutet: Verstehen setzt auf Seiten der ErzieherIn voraus, daß sie Erfahrung mit sich selbst hat und in der Lage ist, sowohl ihre eigenen inneren Prozesse wahrzunehmen, als auch zu unterscheiden, ob ein inneres Erleben in erster Linie die eigene Person charakterisiert oder aber eine Aussage – wenn auch nur eine unsichere – über das Gegenüber, das Kind, darstellt.

Wie oben dargestellt, wird dieses Verstehen, dieses empathische Sichhineindenken in die Systembedingungen des Kindes zudem am ehesten möglich sein, wenn das Verhalten des Kindes in seinem Interaktionsbereich, d. h. im Kontext seiner Familie, seiner Schulklasse, seiner Lehrer, seiner Freunde und seiner Erziehungsgruppe betrachtet wird. Es können daraus dann Anregungen zu alternativem Verhalten des Kindes und/oder Anregungen zu alternativen Erwartungen, Regeln, Mustern, Verhaltensweisen, Ideen, Mythen und Geschichten im Interaktionsbereich des Kindes, d. h. bei Eltern, Geschwistern, ErzieherInnen, LehrerInnen, Freunden resultieren. Diese Anregungen haben Chancen auf Verwirklichung, wenn sie für die jeweiligen Systeme sinnvoll erscheinen.

Zum dritten: Für angemessenes erzieherisches Arbeiten ist es erforderlich, die Vorstellung kausaler Beeinflussung eines Kindes zu ersetzen durch die Vorstellung einer Anregung zur Selbstsozialisation. Direkte erzieherische Maßnahmen sind höchst unsicher, da sie z. B. Widerstand erzeugen und zu Ausweichstrategien führen. Nur das Kind selbst kann sein Verhalten ändern (wenn das innerhalb seines Verhaltensspielraumes möglich ist). Die ErzieherIn kann das Kind bzw. sein Verhalten nicht ändern, auch nicht durch ständig wiederholte Bemühungen. Viel erzieherische Kraft – mit der Folge von Wut und Hilflosigkeit – wird immer wieder vergeudet bei diesem Versuch, der nicht klappen kann. Letztlich kann die ErzierherIn lediglich die Umwelt des Kindes ändern und damit bei dem Kind eine Anregung oder Verstörung des internen Prozessierens auslösen, die möglicherweise zu einer Änderung in der von ihr gewünschten Richtung führt. Wichtigster und am ehesten zu beeinflussender Teil dieser Umwelt des Kindes ist aber die ErzieherIn selbst. Es ist also die ErzierherIn selbst, die ihr Verhalten ändern sollte, wenn sie das Kind veranlassen will, sich im Sinne ihrer Erziehungsziele anders zu verhalten.

Dabei wird sie selbstverständlich früher gemachte Erfahrungen über typische Reaktionsweisen des Kindes nutzen und damit die Erfolgschancen ihrer erzieherischen Maßnahmen zu erhöhen suchen. Aufgrund ihrer „Kenntnis" des Kindes kann sie sich empathisch in die Systembedingungen des Kindes hineinzudenken versuchen und darauf ihr Handeln ausrichten. Allerdings begegnet sie niemals demselben Kind, sondern immer nur einem Kind, das sich in der Zwischenzeit weiterentwickelt hat und möglicherweise doch wieder anders reagiert als erwartet. (Und auch für die ErzieherIn gilt, daß sie niemals zweimal in denselben Fluß steigen kann.)

Alle ihre Maßnahmen lösen keineswegs zwangsläufig eine Änderung in Einstellung oder Verhalten des Kindes aus und können schon gar nicht festlegen, welcher Art diese Veränderungen sein werden. Ihre erzieherischen Handlungen können also immer nur Anstöße geben zu Änderungen, die das Kind in eigener Autonomie vollzieht. Die ErzieherIn kann also mit ihren erzieherischen Maßnahmen – zumindest auf der Handlungsebene – immer nur Anregungen zur Selbstsozialisation des Kindes geben.

Zum vierten: Erziehen ist immer Handeln mit Unsicherheit und Risiko. Die ErzieherIn kann nicht ihre „Lehren" eintrichtern, da die Eigentätigkeit des lernenden Subjekts immer dazu führt, daß alles von außen Kommende auf eigenwillige Art verarbeitet und an schon bestehende Erfahrungen angeschlossen wird. Dies entspricht einer alten pädagogischen Erfahrung, daß Erziehen „Versuchshandeln" ist und niemals als eine erfolgskontrollierte Form des Menschen-Machens verstanden werden kann.[3] Dies gilt umso mehr, als die Eigentätigkeit des Kindes nicht nur als eine Komplikation in Rechnung zu stellen, sondern geradezu noch zu fördern ist. (Dazu jedoch mehr in Teil III.) Erziehung und Bildung ist – und das entspricht im Grunde genommen alteuropäischem Denken – eine in ihren Folgen und Erfolgen nicht berechenbare Begegnung.

Das bedeutet aber auch, daß Erziehung letztlich eine nicht planbare Aktivität ist. Die ErzieherIn ist nicht ManagerIn von Erziehung, sondern MitspielerIn in einem evolutionären Prozeß, an dem ErzieherIn und Kind gleichermaßen beteiligt sind und dessen Ausgang

---

3 Solche Zweifel an der „Machbarkeit" von Erziehung und Hinweise auf die Eigentätigkeit des Erzogenen sind von Comenius und Pestalozzi über Schleiermacher und Herbart bis hin zu Spranger geäußert worden. Vgl. Treml 1987, S. 147.

offen bleibt. Erziehung wird damit zu einer Handlung zwischen gleichberechtigten Partnern.

Diese Voraussetzungen und Bedingungen von Erziehung wahrzunehmen macht die Arbeit der ErzieherIn spannender und interessanter, vor allem aber weniger frustrierend. Es resultiert eine Haltung des Respektes gegenüber dem autonom agierenden Kind. Interesse und Neugier auf die Reaktionen des Kindes, die immer subjektiv angemessen sind, werden geweckt. Gleichzeitig wird die Vorstellung ad absurdum geführt, daß es „richtige" Erziehungsmaßnahmen geben könnte, auch wenn es selbstverständlich ErzieherInnen gibt, die sich besser in das Kind einzudenken vermögen und deshalb passendere erzieherische Maßnahmen treffen.

Aber wenn es auch keine „richtigen" und keine „falschen" erzieherischen Entscheidungen gibt, so existieren doch Prinzipien, die letztlich aus der grundlegenden Beziehungskonstellation von Gleichwertigkeit zwischen ErzieherInnen und Kindern resultieren: Beispielsweise das Prinzip der Reziprozität, also der Grundsatz, daß die Forderungen, die die ErzieherIn an das Kind stellt, auch die Forderungen sein müssen, die das Kind an die ErzieherIn stellen kann, beispielsweise, daß die Sprache, die die ErzieherIn gegenüber dem Kind wählt, grundsätzlich auch die Sprache ist, die das Kind gegenüber der ErzieherIn sprechen kann.

Der Respekt vor der Autonomie des Kindes wird es im übrigen auch am ehesten ermöglichen, eine glückliche Mitte zwischen „laissez faire" und Überregulierung zu finden. Die ErzieherIn wird zur Selbstbegrenzung kommen durch Reflexion der Bedingungen für die Anpassung auf Seiten des Kindes oder Jugendlichen und damit auch möglichst früh auf „dezentrale Entscheidungsfindung" setzen, d. h. auf Entscheidungsfindung und Regelsetzung durch den Jugendlichen selbst.

3.1.2 Das Verhalten des Kindes im Netz der Beziehungen

Versucht die ErzieherIn, das Verhalten eines Kindes zu verstehen, wird sie die wichtigsten Interaktionspartner des Kindes und ihr Verhalten in ihre Beobachtungen mit einbeziehen. Denn die Interaktionspartner gemeinsam bestimmen die Regeln, legen die Muster fest, „erfinden" den Sinn und die Bedeutungen, denen das Kind mit seinem Handeln folgt. Wie oben dargestellt, bestimmen sie seinen

Verhaltens- und Möglichkeitsraum. Und es kann für die ErzieherIn wesentlich einfacher sein, Änderungen in diesem Möglichkeits- und Verhaltensspielraum des Kindes über Gespräche mit den Interaktionspartnern des Kindes zu erreichen, als wenn sie lediglich ihre Bemühungen auf das Kind konzentriert.

Auch solche Interaktionssysteme, beispielsweise die Familie des Kindes oder das System LehrerInnen/Kind/MitschülerInnen, sind autopoietische Systeme, die sich nicht gezielt beeinflussen lassen, die aber auf Verstörungen – wenn sie für das System bedeutsam sind – mit Anpassungsreaktionen reagieren, d. h. mit Veränderungen, die für dieses System richtig und sinnvoll sind. (Auf die Dynamik dieses Systems selbst wird unter Punkt 5 dieses Kapitels eingegangen.)

3.2 DIE ERZIEHERISCHE BEZIEHUNG AUS DER SICHT DER ERZIEHERIN

3.2.1 Die Deutlichkeit der erzieherischen Absicht

Im Prozeß des Erziehens und Erzogenwerdens spielt die Beziehungsebene eine große Rolle. So wurde bereits erörtert, daß aus der Sicht des Kindes die Frage entscheidend ist, ob es die ErzieherIn als eine Person sieht, der es das Recht zu erziehen zubilligt. Dies kann geschehen, weil sie ihm beispielsweise mit ihrer Erziehung Dinge vermittelt, die dem Kind sinnvoll erscheinen und sein Selbstbewußtsein stärken. Je höher und vor allem je unreflektierter allerdings diese Bereitschaft des Kindes zur Erziehung durch die Erwachsene ist, umso größer ist die Macht der ErzieherIn und damit ihre Verantwortung dafür, diese Macht nicht zu mißbrauchen, was auch heißt, sie rechtzeitig aufzugeben.

Die ErzieherIn kann auch versuchen, ihre erzieherische Absicht nicht deutlich werden zu lassen und ihre erzieherischen Maßnahmen so auszuführen, daß das Kind die erzieherische Absicht nicht oder kaum bemerkt. Beispielsweise kann die ErzieherIn ihr erzieherisches Ziel vorleben in der Hoffnung und Erwartung, das Kind würde ihr Verhalten imitieren und nach ihrem Vorbild handeln. Dies verlangt von der ErzieherIn Geduld und Zuversicht und setzt selbstverständlich eine gute Beziehung zwischen ihr und dem Kind voraus. Der Vorteil solchen Handelns liegt darin, daß alle negativen

Begleitwirkungen direkter erzieherischer Interventionen vermieden werden und das Kind das Erleben haben kann, aus völlig freier Entscheidung eigenständig zu handeln.

Eine andere Möglichkeit, die erzieherische Absicht nicht oder kaum deutlich werden zu lassen, liegt darin, Lernsituationen zu schaffen, in denen das Kind selbst die von der ErzieherIn beabsichtigten Erfahrungen macht. So kann die ErzieherIn durch das Bereitstellen von Materialien oder die Gestaltung von Freiheitsräumen, in denen das Kind voll eigenverantwortlich handelt, Lernsituationen gestalten, in denen das Kind die – von der ErzieherIn beabsichtigten – Erfahrungen macht und die Folgen des eigenen Handelns erlebt. Derartiges Vorgehen der ErzieherIn steht – aus der Sicht des Kindes formuliert – unter dem Motto: „Laß mich lernen, lehre mich nicht!"

Eine aktuelle Ausformung dieses Prinzips wird in der im Augenblick sehr beliebten und durchaus bewährten Erlebnispädagogik praktiziert. Hier handelt es sich um den Versuch, auf erzieherische Kommunikationen, die die Erziehungsabsicht erkennbar werden lassen, zu verzichten und Situationen zu schaffen, die aus sich heraus erzieherisch wirken, die z. B. soziales Handeln situativ erzwingen. Als Vermittler des erzieherisch Erwünschten treten dann häufig nicht ErzieherInnen auf, sondern Fachleute, z. B. Seeleute, Bergsteiger u.a., die primär sachbezogen, nicht pädagogisch erziehen bzw. eben die Situation erzieherisch wirken lassen nach dem Motto: „Das Meer erzieht absichtsfrei" (vgl. Schleiffer 1994).

Von diesen verdeckten erzieherischen Maßnahmen aus erstreckt sich ein Kontinuum zunehmender Offenheit und Deutlichkeit der erzieherischen Eingriffe über offene erzieherische Maßnahmen unter Einsatz von Lob, Tadel und deutlich formulierten Anforderungen, die ggf. mit Druckmitteln durchgesetzt werden, bis hin zur Anwendung von Gewalt.

Grundsätzlich wird sich formulieren lassen: Offenheit und Klarheit der erzieherischen Absicht – zudem mit der Möglichkeit, über diese erzieherische Absicht seitens des Kindes mit der ErzieherIn metakommunizieren zu können – dürfte in der Regel zu einem offenen und für beide Seiten angenehmen und akzeptablen, wenn auch keineswegs unbedingt konfliktfreien Erziehungsklima führen. Die verdeckt heimliche, aber vom Kind durchschaute erzieherische Intervention wird eher Ablehnung und Widerspruch provozieren. Andererseits: Je offener die erzieherische Absicht zu Tage tritt, umso größer wird die Gefahr, daß das Kind sich weigert, sich erziehen zu lassen.

In einem solchen Fall stellt sich die Frage, ob der jeweilige Anlaß bedeutsam genug ist, um eine klare erzieherische Forderung zu stellen und sie auch – wenn nötig – unter Einsatz von Druckmitteln, d. h. mit Zwang, durchzusetzen. Konfliktfreie Erziehung gibt es nicht, erscheint noch nicht einmal erstrebenswert, weil es für Kinder wichtig ist zu lernen, daß Konflikte ausgetragen werden können, ohne daß Beziehungen Schaden nehmen. Dasselbe gilt für Zwang, der – in vernünftigem Maße eingesetzt – von Kindern geradezu als befreiend erlebt werden kann, wenn sie dadurch Deutlichkeit und Klarheit seitens der Erwachsenen erleben und wenn sie von überfordernden Entscheidungen, beispielsweise von der quälenden Wahl zwischen schneller Wunschbefriedigung und langfristiger Zielorientierung, befreit werden.[4]

Wird allerdings Gewalt in der Erziehung eingesetzt, dann wird die Gefahr groß, daß zumindest langfristig das Gegenteil des Gewünschten erreicht wird. In der Mehrzahl der Fälle dürfte es als Reaktion auf Gewalt zu einer Anpassung des Kindes im Augenblick kommen, was bekanntlich bei manchen ErzieherInnen zu der irrtümlichen Annaёoe führt, solche Maßnahmen seien erfolgreich. In der weiteren zeitlichen Perspektive jedoch wird sie Opposition, Widerstand und Ablehnung hervorrufen, in vielen Fällen also genau das Gegenteil des Erwünschten bewirken. Auch können solche gewaltorientierten erzieherischen Maßnahmen über andere Mechanismen – beispielsweise die Zerstörung eines gesunden Selbstbewußtseins beim Kind – auf längere Sicht höchst unerwünschte Nebenwirkungen haben.

3.2.2 Die Bereitschaft fördern, sich erziehen zu lassen

Erstens: Erziehungshandlungen werden nicht nur durch die mehr oder weniger offene erzieherische Absicht und den Versuch der mehr oder weniger aggressiven Durchsetzung konnotiert. Die ErzieherIn wird auch nicht nur auf ihre Handlungserfahrungen bei früheren Erziehungsmaßnahmen dieses Kindes zurückgreifen. Sie

---

4 vgl. Pleyer 1996; Drewes u. Krott 1996.

wird darüber hinaus bestrebt sein, die Bereitschaft des Kindes, sich erziehen zu lassen, zu fördern; sie wird sich darum bemühen, daß das Kind „ja" sagt zur Erziehung.

So wird sie versuchen, die Bewertungen ihrer erzieherischen Maßnahme, die das Kind vornimmt, durch empathisches Einfühlen in die Entwicklungs- und Funktionsbedingungen des Kindes sowie dessen System-Umwelt-Bezug einzuschätzen, so daß sie unter diesem Aspekt vorausschauend die wahrscheinliche Wirkung ihrer erzieherischen Handlung auf das Kind beurteilt. Dabei wird sie zunächst einmal eine Selbsteinschätzung ihrer Wirkung auf das Kind vornehmen und sich fragen: „Wie nimmt das Kind mich wahr?", „Welche Anteile schätzt es an mir, mit welchen kommt es nicht klar?", „Ist das Kind überhaupt bereit, von mir etwas anzunehmen?", „Muß ich eine tragfähige Beziehung überhaupt erst aufbauen, um auf das Kind einwirken zu können?", „Was kann ich dafür tun?".

Hier geht es also um die Ebene, die in der Erziehungsliteratur vielleicht die höchste Beachtung gefunden hat, die Ebene des „pädagogischen Bezuges". Die ErzieherIn wendet sich dem Kind zu, sie vermittelt ihm ihre Zuwendung und orientiert ihre Maßnahmen an der Frage, ob sie „um des jungen Menschen Willen" geschehen. Sie bemüht sich um Akzeptanz von Seiten des Kindes in der Erwartung, daß das Kind aus Zuneigung, Verehrung oder Liebe zur ErzieherIn „ja" sagt zur Erziehung durch sie, daß das Kind ihren erzieherischen Wünschen folgt oder aber daß es sogar von sich aus die geschätzte und bewunderte ErzieherIn nachahmt und als Vorbild nutzt. Es geht darum, daß das Kind aus Vertrauen in die Zuverlässigkeit, Echtheit und Verständnisbereitschaft der ErzieherIn und aus der daraus erwachsenen Bindung ihren erzieherischen Ideen und Absichten folgt.[5]

---

5 Herman Nohl prägte diesen Begriff des „pädagogischen Bezuges" und schrieb in seinem Hauptwerk *Die pädagogische Bewegung in Deutschland und ihre Theorie* aus dem Jahre 1930: „Die Grundlage der Erziehung ist ... das leidenschaftliche Verhältnis eines reifen Menschen zu einem werdenden Menschen, und zwar um seiner selbst Willen, daß er zu seinem Leben und zu seiner Form komme." Und an anderer Stelle: „In dieser Einstellung auf das subjektive Leben des Zöglings liegt das pädagogische Kriterium: was immer an Ansprüchen aus der objektiven Kultur und den sozialen Bezügen an das Kind herantreten mag, es

Wie oben dargestellt, haben Kinder zumindest im ersten Lebensjahrzehnt generell eine große Bereitschaft, sich erziehen zu lassen. Allerdings sind sie auch sehr sensibel in der Wahrnehmung von Zuverlässigkeit, Echtheit und Verständnisbereitschaft auf Seiten der ErzieherIn. So registrieren sie beispielsweise sehr aufmerksam, ob die ErzieherIn bei ihren erzieherischen Maßnahmen sekundären Motivationen folgt, wie Bequemlichkeit, Scheu, sich auseinanderzusetzen, oder dem Wunsch, sich in der Öffentlichkeit durch demonstratives „Herumerziehen" als gute ErzieherIn darzustellen. Ebenso sensibel spüren Kinder, ob Angst oder aber ein Genießen von Macht über das Kind Motivation für die erzieherischen Maßnahmen der ErzieherIn sind.

Auf dieser Ebene des positiven erzieherischen Bezuges geht es für die ErzieherIn dann wesentlich darum, eine Fähigkeit zur Selbstwahrnehmung zu entwickeln als Voraussetzung für ein empathisches Einfühlen in die Gedankenwelt des Kindes, die sich mit ihr beschäftigt. Aus diesem Grunde ist die Fähigkeit zur Selbsterfahrung und zur kritischen Selbstbetrachtung eine der wichtigsten Voraussetzungen für erfolgreiches erzieherisches Handeln. Dementsprechend muß der Selbsterfahrung in der Ausbildung von professionellen ErzieherInnen (durch Selbsterfahrungsgruppen und Supervisionen) ein zentraler Stellenwert eingeräumt werden.

Zweitens: Auf der weiteren Ebene, nämlich der Ebene der Bewertung der von der ErzieherIn intendierten Erziehungsziele auf ihre Sinnhaftigkeit und Nützlichkeit seitens des Kindes resultieren andere erzieherische Maßnahmen: Hier geht es darum, die innere Logik des kindlichen Denkens zu verstehen, seine Wertvorstellungen und Interessen zu erkennen sowie zu erfahren, welche Ziele dem Kind sinnvoll erscheinen. Darüber hinaus wird die ErzieherIn in einen Dialog mit dem Kind eintreten und gemeinsam mit ihm Sinn konstruieren. Sie wird das Erziehungsziel erläutern sowie Sinn und Vorteile für das Kind erklären. Gleichzeitig wird die ErzieherIn im Dialog mit dem Kind und über das Sich-Einfühlen in seine Entwicklungs- und Umweltbedingungen eine Idee zu entwickeln ver

muß sich eine Umformung gefallen lassen, die aus der Frage hervorgeht: welchen Sinn bekommt diese Forderung im Zusammenhang des Lebens dieses Kindes für seinen Aufbau und die Steigerung seiner Kräfte, und welche Mittel hat dieses Kind, um sie zu bewältigen?" (zitiert nach Klafki u.a. 1970a, S. 58) suchen, ob und warum bestimmte Veränderungen vom Kind als Gefahr für das eigene psychische System erlebt werden.

Andere Möglichkeiten bestehen darin, das Erziehungsziel bzw. das aktuelle Teilziel durch Lob oder Belohnung bzw. durch das Ausbleiben von Strafe „künstlich" attraktiv zu machen. Dieser Ansatz wurde in lerntheoretisch orientierten Erziehungskonzepten systematisch zu nutzen versucht.

Drittens: Ob ein Kind eine erzieherische intendierte Handlung durchführt, hängt auch davon ab, welche Selbstbeschreibung, welche Selbstbewertung und welche Gefühle das Kind mit dieser Handlung verbindet. Ist es eine Zufriedenheit oder ein Stolz über das Erreichte? Ist es das Gefühl, ein Versager zu sein, wenn es den Wünschen der ErzieherIn nachgibt? Hat es das Erleben, zu etwas gezwungen worden zu sein, was es „eigentlich" gar nicht will? Unter den Aspekten dieser Bewertungsebene wird die ErzieherIn also am ehesten versuchen, auf die Selbsttätigkeit des zu Erziehenden zu setzen und seinen Wunsch nach Selbstkontrolle und Selbstverantwortung zu unterstützen. Sie wird versuchen, dem Kind einen Bedeutungsrahmen von Selbstverantwortung zu gestalten, und ihm das Erleben vermitteln, das Schicksal in die eigene Hand nehmen zu können.

Dies wird der ErzieherIn am ehesten gelingen, wenn sie sich auf die Ressourcen des Kindes orientiert, wenn sie das jeweilige Kind mit seinen speziellen Fähigkeiten und Fertigkeiten anspricht und von dem ausgeht, was es bereits jetzt gut kann. Sie schafft damit eine positive erzieherische Atmosphäre, stärkt das Erleben des Kindes, kompetent und fähig zu sein, zentriert die eigene Wahrnehmung und die Wahrnehmung des Kindes auf Gelingen und Zufriedenheit und schafft damit Motivation für weiteres Lernen.[6]

3.2.3 Die Gefährdung des kindlichen Selbstwertes durch Erziehung

Alle erzieherischen Maßnahmen stehen in der Gefahr, dem Kind eine Botschaft zu übermitteln, die für die erzieherische Beziehung problematisch ist. Denn jede Aufforderung an ein Kind, sich bzw.

---

6 Interessante Anregungen hierzu, die allerdings vorwiegend aus der stationären Arbeit in Heimen oder Kinder- und Jugendpsychiatrien stammen, finden sich bei Durrant (1996).

sein Verhalten zu verändern, auch jede Aufforderung, zu lernen – was ja auch ein Sich-Verändern ist –, weckt allzu leicht bei dem Kind die Vorstellung, daß es so, wie es ist, nicht so ist, wie es sein soll, daß es so nicht liebenswert ist, nicht in Ordnung, nicht den Erwartungen genügend.

Dieser Gefahr ist auf dreierlei Weise zu begegnen:

1. Die ErzieherIn erzieht so wenig wie möglich, sie beschränkt ihre erzieherischen Maßnahmen auf das unbedingt notwendige Maß.

2. Die ErzieherIn verdeutlicht sich immer wieder, daß das Kind im jeweiligen Augenblick nach seiner inneren Logik „richtig" handelt, und versucht, dieses Verhalten – auch wenn es in der konkreten Situation nicht toleriert werden kann – als Ausgangspunkt für ihre erzieherischen Bemühungen zu nehmen.

Für die Schule hat Mädche (nach Balgo und Voß 1996, S. 22) diesen Ansatz folgendermaßen formuliert: „Es gibt kein ‚falsches' Wissen des Schülers: Alles, was er weiß, kann vielmehr als Ausgangspunkt für einen Entwicklungsprozeß dienen, in den dieses Vorwissen konstruktiv mit eingebaut wird. Das setzt aber voraus, daß der Lehrer in der Lage ist, sich selbst für dieses Vorwissen zu öffnen, weil er bereit ist, den Schüler in seiner Lebenswirklichkeit ernstzunehmen." Balgo und Voß (1996, S. 22) kommentieren dazu:

> „Der Aufmerksamkeitsfokus eines solchen Lehrers ist auf die Stärken und Kompetenzen der SchülerInnen gerichtet, ist kontextbezogen an ihnen in ihrer individuellen Lebenswelt orientiert, und er respektiert ihre Integrität, Autonomie und Selbstbestimmung. Das Beziehungsmuster vermittelt die Botschaft: Du weißt selbst, was für Dich ‚richtig', ‚wichtig' und ‚gut' ist, und ich als PädagogIn werde Dich, wenn Du danach fragst, mit meiner Konstruktion von Wirklichkeit, meinem Wissen unterstützen. Du bist so, wie Du bist, liebenswert und *mußt* Dich nicht verändern."

Selbstverständlich gibt es Verhaltensweisen, beispielsweise körperlich aggressives Schädigen eines anderen, die die ErzieherIn als nicht annehmbar und damit als unbedingt zu verändernde kennzeichnen muß. Aber in den meisten Fällen dürfte es möglich und sinnvoller sein, das Kind selbst den Weg des Lernens von neuem Verhalten finden zu lassen und es lediglich bei seinen Lernprozessen zu unterstützen.

3. Eine weitere Möglichkeit, der Gefahr zu begegnen, mit den erzieherischen Maßnahmen das Kind in seinem Selbstwerterleben zu verunsichern, liegt darin, daß die ErzieherIn konsequent unterscheidet zwischen dem Verhalten des Kindes – das möglicherweise im Augenblick nicht akzeptabel ist – und seiner Person, die sie grundsätzlich akzeptiert und respektiert. Das Verhalten ist der Ausdruck aktueller Umwelteinflüsse und situativ aktivierter, isolierter Strukturbedingungen. Die Person aber stellt die Summe aller Verhaltensmöglichkeiten angesichts der gesamten strukturellen Voraussetzungen zum jeweiligen Zeitpunkt dar. Durch diese Differenzierung seitens der ErzieherIn lernt das Kind, daß ein Verhalten zwar auf Ablehnung stoßen kann, daß dies aber nichts zu tun hat mit einer Ablehnung seiner Person.

Diese Trennung von Verhalten und Person ist aber nicht zuletzt auch nützlich für die ErzieherIn selbst, weil sie sich damit ihre Handlungsfähigkeit erhält: So kann sie beispielsweise unter dieser Voraussetzung sehr viel leichter aus einem eskalierenden Streit „aussteigen", wenn sie sich klar macht, daß das *Verhalten* des Kindes sie ärgert und in Wut bringt und nicht das Kind. Es kann ihr dann gelingen, mit dem Kind in einem grundsätzlich positiven Kontakt zu bleiben – oder aber bald nach Abklingen des Ärgers dahin zurückzukommen. Auf diese Weise erhält sie sich die ganze Breite von Handlungsmöglichkeiten mit dem Kind, die im Zustand des Ärgers und der Wut über die Person des Kindes zwangsläufig sehr eingeschränkt sind.

3.2.4 Kein Kind ist aggressiv, es verhält sich nur so

Eine der unglückseligsten bzw. sehr viel Unglück produzierenden Gewohnheiten ist unser aller Neigung, ein Verhalten, das eine Person in bestimmten Kontexten, unter bestimmten situativen Bedingungen zeigt, zu einer Eigenschaft dieser Person zu erklären. Wie wir oben schon sahen, hat das Verhalten einer Person zwar auch mit dieser Person selbst etwas zu tun, aber mindestens ebensoviel mit dem Verhalten der anderen Menschen, mit denen diese Person interagiert, sowie den gemeinsamen Regeln, Mustern, Sinn- und Bedeutungsgebungen. Verhalten aus dem Kontext, in dem es auftritt, herauszulösen und es zu einer Eigenschaft der Person zu erklären, stellt meist eine unbedachte, zuweilen aber auch eine durchaus beabsichtigte Verschärfung und Zuspitzung einer Aussage dar, zumindest wenn sie negativ akzentuiert ist. Wenn ich einem Mitmenschen sage: „Du verhälst Dich in einer bestimmten Situation so", dann ist diese Aussage von ihm meist zu akzeptieren, auch wenn sie eine negative Bewertung enthält. Wenn ich diesem Mitmenschen jedoch nach denselben Beobachtungen sage: „Du bist so", dann reagiert er häufig – und eben durchaus zurecht – gekränkt, weil ich eine Generalisierung vornehme, die er als ungerechtfertigt erlebt.

Viele Auseinandersetzungen auch unter Erwachsenen werden mit eben diesem Mittel geführt, einem anderen sein Verhalten, das er in einer bestimmten Situation gezeigt hat, als Eigenschaft „um die Ohren zu hauen". Dem Betroffenen wird es damit sehr schwer gemacht, den berechtigten Anteil in dieser Aussage – nämlich, daß er sich in einer bestimmten Situation oder in bestimmten Situationen so verhält – wahrzunehmen. Vielmehr wird er – verständlicherweise – sehr schnell mit Widerspruch reagieren und mit einer relativ geringen Bereitschaft, sich selbstkritisch anzuschauen, was an dieser Aussage berechtigt sein könnte.

Die Überführung eines Verhaltens einer Person in die Eigenschaft einer Person hat zudem noch eine weitere folgenreiche Konsequenz: Ein Verhalten kann die Person wesentlich leichter ändern als eine Eigenschaft. Eigenschaften haben in unserer Vorstellung etwas Beständiges, Dauerhaftes und sind nur sehr schwer zu korrigieren. Aus einem Verhalten, das ständig im Fluß, in Bewegung und in Veränderung ist, wird etwas Festes, etwas Starres. Auf diese Weise kann Sprache die Vorstellung des Unveränderbaren oder schwer Veränderbaren vermitteln.

Grundsätzlich handelt es sich um höchst gefährliche Verallgemeinerungen, wenn man einer Person Eigenschaften zuschreibt, wenn man einem anderen sagt, er „sei" aggressiv, „sei" arrogant, „sei" bequem. Das entsprechende Verhalten ist immer Ausdruck einer Interaktion zwischen mehreren Menschen und somit nicht primär Ausdruck dieser Person, sondern der Beziehung zwischen dieser Person und anderen Personen. Die Begriffe „zuvorkommend" oder „arrogant" beispielsweise kennzeichnen das, was zwischen zwei oder mehreren Personen besteht bzw. abläuft, ebenso wie „unterwürfig" oder „devot", und nicht ein Etwas in einer Person. All dies sind die Beschreibungen der einen Seite einer Beziehung zwischen beispielsweise zwei Personen.[7] Verläuft diese Beziehung allerdings in gleicher Art über viele Jahre, dann wird die einzelne Person selber dazu neigen – und dies entspricht unserem Denkschema –, die Charakterisierung seiner Beziehung zu der anderen Person als seine eigene Charaktereigenschaft anzusehen. Häufig wird dann gar nicht mehr wahrgenommen, daß diese Person in einer anderen Beziehung ganz andersartig handelt.

Elternpaare z. B. neigen zuweilen dazu, dem einen Teil die Rolle des Konsequenten und dem anderen die Rolle des Nachgiebigen zuzuschreiben. Nach Jahren entsprechender Rollenteilung gehen dann häufig beide Elternteile dazu über, sich diese Beschreibung ihres Rollenverhaltens als Eigenschaften zuzuordnen. Im nächsten Schritt verbindet sich dann häufig damit die Überzeugung: „So sind wir halt. Das ist nicht zu ändern." Zuweilen kann man dann jedoch bei entsprechendem Nachfragen die überraschende Feststellung machen, daß in vorangegangenen Ehen die Rollenteilung und die

7 Gregory Bateson schreibt dazu in *Geist und Natur* (1987, S. 165 f.):
„Es ist richtig (und eine große Verbesserung), wenn man anfängt, über die beiden Parteien der Interaktion so nachzudenken, wie über zwei Augen, von denen jedes eine monokulare Sicht des Geschehens gibt, beide zusammen aber ein binokulares und tiefes Bild entstehen lassen. Diese doppelte Sicht *ist* die Beziehung. Eine Beziehung existiert nicht innerhalb einer einzelnen Person. Es ist Unsinn, von ‚Abhängigkeit', ‚Aggressivität' oder ‚Stolz' usw. zu reden. Alle diese Worte haben ihre Wurzeln in dem, was zwischen Personen vor sich geht, und nicht in irgendeinem Innerhalb einer Person, was es auch sein mag … Eine solche Erklärung, welche die Aufmerksamkeit vom zwischenmenschlichen Bereich auf eine künstliche innere Tendenz, auf ein Prinzip, einen Trieb oder was immer verlagert, ist meiner Ansicht nach ganz großer Unsinn, der nur die tatsächlichen Probleme verschleiert. Will man etwa über ‚Stolz' reden, dann hat man es mit zwei Personen oder Gruppen und mit dem zu tun, was sich zwischen ihnen abspielt. A wird von B bewundert; A's Bewunderung ist bedingt und kann in Verachtung umschlagen usw. Dann kann man eine besondere Art des Stolzes definieren, indem man sich auf ein besonderes Interaktionsmuster bezieht. Das nämliche gilt für ‚Abhängigkeit', ‚Mut', ‚passiv-aggressives Verhalten', ‚Fatalismus u.ä. *Alle* charakterologischen Adjektive müssen so reduziert oder erweitert werden, daß sie ihre Definitionen von Mustern des Austauschs herleiten, d. h. von Kombinationen doppelter Beschreibung."

„Charaktereigenschaften" ganz gegensätzlich waren: Hier war die jetzt nachgiebige Mutter die konsequente gewesen und der jetzt konsequente Vater der Nachgiebige.

Für die ErzieherIn bedeutet dies, daß sie sehr sorgfältig vermeiden sollte, ein bestimmtes Verhalten, auch wenn es unter vielen situativen Bedingungen auftritt, zu einer Eigenschaft des Kindes zu erklären. Hier ist sprachliche Disziplin gefordert, mit der darauf geachtet wird, daß ein Kind „sich aggressiv verhält", „sich arrogant zeigt", „im Augenblick den bequemen Weg wählt" etc. Der Unterschied mag auf den ersten Blick gering erscheinen, hat aber große Auswirkungen. Denn: Ist das Kind erst einmal der Überzeugung, daß es aggressiv oder faul „ist", dann wird es mit hoher Wahrscheinlichkeit resignieren und Bemühungen aufgeben, dies zu ändern. Mehr noch: Jede erfahrene ErzieherIn kennt solche Kinder, die die Überzeugung gewonnen haben, sie seien „schlecht" oder „nicht liebenswert", und weiß, wie diese Kinder aus einem verhängnisvollen Bedürfnis, diese negativen Eigenschaften immer wieder bestätigt zu sehen, selbst Situationen herbeiführen, in denen sie dann derartige Rückmeldungen nahezu zwangsläufig bekommen.

3.3 Anregung zur Selbsterziehung

3.3.1 Förderung der Voraussetzungen für Selbsterziehung

Eine wichtige Möglichkeit von Erziehung besteht darin, daß die ErzieherIn die zu Erziehenden zur Selbsterziehung (siehe Teil II, Punkt 2.3) anregt. Diese Anregung könnte beispielsweise darin bestehen, daß die ErzieherIn die Offenheit der zu Erziehenden für Umweltkontakte stimuliert. Solche Umweltanstöße müssen – wie immer – in der Sprache (d. h. in den relevanten Differenzen) des Systems formuliert sein, um überhaupt wahrgenommen zu werden. Zum anderen müssen sie aus irgendeinem Grunde zum Augenblick ihres Auftretens für die zu Erziehenden so interessant, so wichtig sein, daß sie überhaupt wirksam werden können. Diese Wichtigkeit ist abhängig von der Zufriedenheit des zu erziehenden Systems mit seinen derzeitigen Operationen bzw. von seiner Unzufriedenheit, von seinem Leidensdruck.

Selbsterziehung setzt aber – wie gesagt – die Fähigkeit zum Aus-sich-Heraustreten und zum Beobachten seiner selbst und seiner System-Umwelt-Beziehung voraus, eine Fähigkeit, die in einem ersten Schritt überhaupt gelernt werden muß und durch erzieherische Handlungen angeregt werden kann. Die ErzieherIn mag beispielsweise ein Kind darauf aufmerksam machen, welche Reaktionen es durch ein bestimmtes Verhalten bei anderen häufig hervorruft und in welcher Art es selbst dann die zuvor ausgelösten Reaktionen wahrnimmt und erlebt. („Wenn du mit diesem muffeligen Gesicht bei deinen Freunden auftauchst – meinst du, daß die dann gerne mit dir reden und spielen? – Könnte deren Art, dich einfach stehen zu lassen, etwas damit zu tun haben?")

Der zweite Schritt der ErzieherIn könnte darin bestehen, das Kind zu einer Reflexion über seine Reflexionen zu ermutigen. So kann sie den Selbstbeobachtungen des Kindes ihre eigenen Beobachtungen gegenüberstellen oder aber die Selbstbeobachtungen des Kindes mit den Beobachtungen und Äußerungen anderer Personen über dieses Kind konfrontieren. („Du sagst, du seiest so schüchtern und ängstlich. Ich habe dich vorgestern beim Training beobachtet. Da fand ich dich gar nicht ängstlich. Und dein Trainer sagte mir, daß du manchmal derjenige mit der größten Klappe seiest.") Allerdings sollte sich die ErzieherIn bewußt machen, daß es für jeden von uns immer ein Risiko ist und deshalb Mut erfordert, sich auf Beobachtungen und Kommunikationen einzulassen, die nicht die eigenen sind. Ein Kind wird dieses Risiko nur eingehen, wenn es die Gefahr für das eigene Selbstbewußtsein und Selbstwerterleben als nicht zu groß beurteilt.

Vielleicht aber noch mehr Mut erfordert es für das Kind, in einem dritten Schritt das, was es bei der Selbstbeobachtung wahrgenommen hat, als veränderbar anzusehen. Veränderung gefährdet die Stabilität. Deshalb erscheint auch das negativ bewertete und immer wieder Ablehnung auslösende Verhalten – eben weil es Stabilität garantiert – wichtiger als die Chance auf ein neues Verhalten, das auf Zustimmung stößt.

Ist jedoch dieser dritte Schritt gelungen, kann schließlich – oft in spielerischer Form – die Entwicklung von Ideen darüber angeregt werden, welche Änderungen der eigenen Identität angestrebt werden sollen.

Anregung zur Selbsterziehung bedeutet also:

– Anregung zur Selbstbeobachtung, d. h. zur Beobachtung der eigenen Identität und seine Auswirkungen auf die Umwelt bzw. der Wirkung der Umwelt auf die eigene Identität,
– Anregung eines Vergleichs der eigenen Selbstbeobachtung im Umweltkontext mit den Beobachtungen anderer Beobachter,
– Anregung der Bereitschaft, das bei der Selbstbeobachtung Beobachtete als etwas Veränderbares wahrzunehmen und
– Anregung einer Entwicklung von Ideen, welche Umweltwirkungen der eigenen Identität erwünscht, und damit, welche Änderungen der eigenen Identität angestrebt werden sollen (vgl. Willke 1994, S. 107 ff.).

3.3.2 Hilfen bei der Selbsterziehung

Nützliche Anregungen zur Selbsterziehung des Kindes bestehen in Hilfen bei der Zielbeschreibung und in der Unterstützung bei der Zielerreichung. Hilfen bei der Zielbeschreibung bestehen in der Vermittlung einfacher, allgemeingültiger Erfahrungen, nämlich beispielsweise, daß kleine Ziele besser als große sind und große Ziele zumindest in Teilschritte aufgeteilt werden sollten. Dabei ist darauf zu achten, daß es sich wirklich um für das Kind wichtige Ziele handelt und nicht um Dinge, die lediglich der ErzieherIn bedeutsam erscheinen. Im übrigen sollten die Ziele so konkret wie möglich als beobachtbare, positive Verhaltensweisen formuliert sein, die die Anwesenheit von etwas (z. B. eines neuen Verhaltens) beschreiben und nicht die Abwesenheit eines beklagten Verhaltens. „Nicht mehr aggressiv sein" oder „nicht mehr sofort die Flinte ins Korn werfen" sind keine geeigneten Zielformulierungen. Vielmehr wäre zu fragen, was das Kind statt dessen tun will (z. B. lernen, den Ärger auszusprechen und sich verbal auseinanderzusetzten, oder lernen, weitere Versuche zu machen, bis der Erfolg sich schließlich einstellt). Auch Eigenschaften wie „glücklich", „selbstbewußt" müssen in ihrer Zieldimension erst durch die Frage erschlossen werden: „Und was tust du, wie verhälst du dich, wenn du glücklich, selbstbewußt bist?" Erst dadurch sind die entsprechenden Verhaltensweisen zu erfassen, die dann allein schon durch die konkrete Formulierung und die innere Auseinandersetzung damit den Wert einer selbsterfüllenden Prophezeiung bekommen können.

Unterstützung bei der Zielerreichung könnte auch darin bestehen, konkrete materielle Hilfen bereitzustellen oder aber ein echtes Interesse am Erreichen dieser Ziele oder Teilziele deutlich werden zu lassen. Wenig hilfreich sind Hinweise, daß das Ziel doch gar nicht schwer zu erreichen sei (was oft als ein Mutmachen gut gemeint, aber mißverstanden wird, da solche Hinweise eher entmutigend wirken). Unterstützend wirkt, dem Kind das Gefühl zu geben, daß das Ziel wichtig, aber schwer zu erreichen sei und Anstrengung erfordere, auch wenn das Kind dies wohl schaffen könne, oder daß das Ziel eine große Aufgabe sei, die sicher harte Arbeit erfordere, aber eben mit dieser harten Arbeit das Ziel für das Kind wahrscheinlich zu bewältigen sei.

Nützliche Anregung zur Selbsterziehung des Kindes ist aber natürlich in erster Linie die ErzieherIn selbst mit ihrem eigenen selbsterziehenden Verhalten. Jeder Mensch ist ständig in Entwicklung; denn Entwicklung ist Lernen und Lernen ist Leben. Auch die ErzieherIn wird sich immer wieder in Distanz zu ihrer eigenen Selbstbeschreibung bringen, um sich selbst besser zu verstehen, und diese Selbstbeschreibung mit den Beschreibungen ihrer Person durch andere vergleichen. Das Kind wird dies beobachten und es besonders gut wahrnehmen können, wenn die ErzieherIn in der Lage ist, ihre eigenen erzieherischen Handlungen zu kritisieren und sich beim Kind für ein Verhalten, das sie in der nachträglichen Betrachtung selbst nicht als gut bewertet, zu entschuldigen. Auf diese Weise gibt die ErzieherIn zu erkennen, daß sie selbst bestimmte Verhaltensweisen oder Verhaltensgewohnheiten bei sich ändern möchte und ist damit dem Kind ein gutes Modell für Selbsterziehung.

3.3.3 Der paradoxe Appell an die Einsicht des Kindes

Anregungsversuche Erwachsener zur Selbsterziehung ihres Kindes werden häufig eingeleitet mit der Aufforderung: „Du mußt doch einsehen, daß …“ Diese Aufforderung ist selten wirksam, und das auch aus guten Gründen. Denn es handelt sich letztlich um eine „Sei-spontan-Paradoxie“. Das Kind soll aus eigener Initiative das tun, was der Erwachsene vorgibt. Der Erwachsene formuliert praktisch: „Tu du freiwillig das, was ich möchte, daß du tust!“, und man könnte hinzufügen: „… und was ich mich nicht traue, dir als erzieherische Forderung vorzugeben.“ Das Kind wird auf solche Aufforderungen zwangsläufig verstimmt, verärgert, wütend reagieren:

Denn es wird einerseits an seine Selbstverantwortung und Selbstentscheidung, seine Selbsterziehung appelliert; gleichzeitig wird ihm eben dieses abgesprochen. Denn es soll sich ja ausschließlich für die Forderung der ErzieherIn „entscheiden". Es handelt sich bei diesen „Du-mußt-doch-einsehen,-daß"-Aufforderungen im Grunde genommen um verrücktmachende, zumindest um innere Spannungen provozierende Kommunikationen, die eigentlich immer das Beziehungsklima vergiften und die Wahrscheinlichkeit des Scheiterns aller nachfolgenden Erziehungsmaßnahmen erhöhen.

Statt mit dieser „Sei-spontan-Paradoxie" zu operieren, sollte sich die ErzieherIn entscheiden, entweder klare Vorgaben zu machen, deren Erfüllung sie von dem Kind fordert, oder aber dem Kind echte Entscheidungsmöglichkeiten anzubieten.

Warum ist die deutliche Forderung (… weil *ich* das so will) so „gesund" im Gegensatz zu der Forderung nach Einsicht? Im ersten Fall („Ich will das so!") richtet sich die Forderung des Erwachsenen nur auf das Verhalten des Kindes; seine innere Vorstellungs- und Gefühlswelt bleibt unangetastet (d. h. es kann wütend sein, ärgerlich, empört oder sauer reagieren). Das Kind kann der Forderung nachkommen und trotzdem seine innere ablehnende Haltung beibehalten: Das heißt, sein Denken und sein Ich werden akzeptiert, bleiben zumindest unberührt. Das Kind kann seine Selbstachtung bewahren und innerlich so bleiben, wie es ist. Auch kann es nein sagen, es kann kämpfen.

Im zweiten Fall („Du mußt doch einsehen, daß …") fordert der Erwachsene nicht nur ein bestimmtes Verhalten, sondern zudem noch eine bestimmte innere Einstellung. Das Kind soll eben *freiwillig* das tun, was der Erwachsene von ihm fordert. Das Kind soll sein Denken, sein Ich ändern. Denn die Botschaft heißt zugleich: „Was du denkst, ist falsch!" Die Forderung nach Einsicht bringt das Kind in heftige innere Konflikte, zumal wenn ein im Grunde gutmeinender Erwachsener sie ausspricht.

Mit der Forderung nach Einsicht sucht der Erwachsene letztlich den für ihn einfacheren Weg. Bei einem „Tu das, weil ich es so will!" muß er möglicherweise den Ärger und die Wut des Kindes aushalten, weil er auf seiner erzieherischen Forderung besteht. Mit der Forderung nach Einsicht will er beides gleichzeitig erreichen: Seinen Willen durchsetzen und keinen Ärger deswegen haben. Das Kind soll tun, was er will, und es zudem auch noch gut finden.

4. Erziehung als interaktiver Prozeß

4.1 ERZIEHUNG ALS KOEVOLUTION

Wie schon oben ausgeführt, ist Erziehung in ihrer Komplexität nur zu verstehen, wenn sie *als interaktiver Prozeß* betrachtet wird. Dabei sind die Reaktionen der Interaktionspartner auf die Aktionen des jeweils anderen – wie wir gesehen haben – nicht im Sinne eines einfachen Reiz-Reaktions-Schemas zu verstehen, sondern vielmehr als wechselseitig interpretierendes Handeln, wobei Bedeutungen – auf der Grundlage von Erfahrungen und von Sprache als Bedeutungssystem – im Prozeß der Interaktion erfunden werden.

In diesem interaktiven Prozeß nun beeinflußt die zu Erziehende die ErzieherIn genauso, wie die ErzieherIn die zu Erziehende. Schon der Säugling bestimmt in nicht geringem Maße das Verhalten seiner Eltern und veranlaßt Mutter und Vater zu Verhaltens- und Einstellungsänderungen. In wie starkem Maße dies der Fall ist und wie differenziert das erfolgt, hat die Säuglingsforschung anschaulich dargestellt und läßt sich in seinen einschränkenden Konsequenzen an autistischen Kindern und ihren Eltern beobachten.

Erziehung ist also ein Prozeß der Koevolution, der gemeinsamen Entwicklung, bei dem Lernen auf beiden Seiten stattfindet. Erziehung besteht dabei in der absichtsvollen Ermöglichung von Lernprozessen entlang von ausgewählten Themen durch Interaktion mit den zu Erziehenden. Doch an die Stelle von Planung tritt der Akt des Mitspielens in einem evolutionären Spiel, bei dem der Ausgang offen ist. Die ErzieherIn steuert nicht Lernprozesse, sondern ermöglicht bzw. erleichtert sie. Sie wirkt Kraft der eigenen Persönlichkeit und absichtsvoller Handlungen als KatalysatorIn für selbstverantwortete Lernprozesse des Kindes.

ErzieherInnen sind also in erster Linie Kommunikationsspezia-listen. Sie treten in einen Dialog mit dem Kind ein, der den Zweck hat, die kindliche/jugendliche PartnerIn in ihrer personalen und sozialen Kompetenz weiterzubringen, der aber nur gelingen kann, wenn die ErzieherIn sehr sensibel auf die Reaktionen des Kindes achtet und genau beobachtet, was ihre erzieherischen Interventio-nen bei dem Gegenüber auslösen. Insofern sind die Erziehenden in den Prozeß der Erziehung genauso involviert wie die Erzogenen.

Der Prozeß der Erziehung, sein erfolgreicher, glücklicher Ver-lauf bzw. sein Mißlingen, schließt also immer sowohl das Kind als auch die ErzieherIn ein. Was für die eine gut ist, dürfte demnach auch für die andere gut sein, was für die eine beglückend ist, dürfte für die andere beglückend sein. Ein gelungener Erziehungsprozeß zeichnet sich demnach dadurch aus, daß beide Beteiligten davon profitieren, daß beide individuelle Entwicklung und persönliches Wachstum erfahren. Das bedeutet, daß die ErzieherIn einen erfolg-reichen Erziehungsprozeß ablesen kann an der Antwort auf die Selbstanfrage: „Was hat das Kind mir beigebracht?" oder: „Wie habe ich in dieser Erziehungspartnerschaft profitiert?" oder: „Was habe ich gelernt beim Erziehen dieses Kindes?". Ist die Antwort positiv, dürfte auch bei der Erzogenen eine positive Entwicklung stattge-funden haben. Ist die Antwort auf diese Selbstanfrage der ErzieherIn negativ, dürfte mit hoher Wahrscheinlichkeit auch die Erzogene in dem Erziehungsprozeß kaum profitiert haben.

4.2 Die Paradoxie von Erziehung

Die wichtigste Wahrnehmung zum Verständnis erzieherischer Pro-zesse ist die Erkenntnis ihrer Paradoxie, d. h. die Erkenntnis der Tatsache, daß das, was Erziehung ausmacht, nämlich eine absichts-volle Beeinflussung eines anderen zu einem ganz bestimmten Ver-halten oder einer ganz bestimmten Einstellung, in strengem Sinne gar nicht möglich ist. „Im Prinzip nimmt der Erzieher sich also et-was Unmögliches vor", formuliert Luhmann (1987a, S. 60). „Man nimmt ein Können in Anspruch, das man nicht können kann" (S. 61). Luhmann spricht in diesem Zusammenhang von einem „Techno-logiedefizit" des Erziehungssystems und meint damit eben diese

Tatsache, daß Erziehung die angestrebten Effekte nicht quasi gesetzesförmig bewirken, also auch nicht mit hinreichender Zuverlässigkeit kontrollieren kann.

Im erzieherischen Prozeß begegnen sich zwei autonome, nicht triviale Systeme. Wie die Handlungen des einen, z. B. der ErzieherIn, sich auf die Funktionsweise des anderen, z. B. des Kindes, auswirken, bestimmt nicht in erster Linie die ErzieherIn, sondern das Kind. Erziehung ist also Eigenleistung des Kindes, die aber wiederum ohne die Aktivitäten der ErzieherIn nicht möglich ist. Andererseits lernt die ErzieherIn durch Beobachtung der – möglicherweise von ihr angestoßenen – Handlungen des Kindes (zumindest, wenn sie einen hinreichenden Unterschied wahrnimmt). Allerdings kann wiederum das Kind nicht bestimmen, was die ErzieherIn als autonomes, nicht triviales System lernt.

Wenn ErzieherInnen versuchen, diese Paradoxie als Grundtatbestand von Erziehung zu verneinen oder zu übersehen, wächst die Gefahr von Gewaltanwendung zur Durchsetzung des erzieherisch Beabsichtigten. Die Antipädagogik ist möglicherweise in erster Linie zu verstehen als Reaktion auf diese Paradoxie bzw. auf eine zur damaligen Zeit übliche Erziehungspraxis, die diese Paradoxie nicht wahrgenommen und den Versuch gemacht hat, Kinder zu trivialisieren, Kinder zu dressieren.

Natürlich ist jede Erziehung, jede Bildung, jeder Unterricht immer auch Trivialisierung[1] des Kindes: Die faszinierende Fülle an Möglichkeiten, über die das Kleinkind noch verfügt, wird eingeschränkt zugunsten von „richtigen" Handlungen. Damit reduzieren wir die Komplexität unserer Wahrnehmungswelt und machen sie für uns lebbar. Konkret ist dies in vielen Lebensbereichen sinnvoll und notwendig, beim Erlernen des Einmaleins ebenso wie beim Erlernen des Verhaltens im Straßenverkehr.

---

1 von Foerster 1987, S. 36 ff. (Von Foerster verwendet den Begriff Trivialität im Sinne des Mathematikers Alan Turing und unterscheidet triviale von nichttrivialen Maschinen. Eine triviale Maschine verbindet fehlerfrei und unveränderlich Ursachen mit Wirkungen. Ihre Operationen sind vergangenheitsunabhängig und voraussagbar. Eine nichttriviale Maschine demgegenüber verändert bei jeder Operation ihren „inneren Zustand"; sie ist vergangenheitsabhängig und unberechenbar. Trivialisierung bedeutet also, die Handlungen des anderen berechenbar, vorhersagbar zu machen.)

Trivialisierung ist aber immer auch ein Verlust – man könnte sagen ein Verlust an Menschlichkeit hin zur Automatisierung des Menschen. Kinder spüren das zuweilen und wehren sich. Sie bestehen dann – auch wenn sie ein Ziel akzeptieren – auf ihrem, möglicherweise wenig „vernünftigen", umwegreichen, mit vielen „überflüssigen" Mühen verbundenen Weg zu diesem Ziel. Sie bestehen auf ihrer Würde als einmalige, autonome Lebewesen.

Trivialisierung in Erziehung und Unterricht ist aber oftmals viel weniger notwendig als praktiziert. Das mag vielfach aus Bequemlichkeit resultieren, manchmal aber auch aus Angst – Angst der ErzieherIn vor der Fülle an Möglichkeiten, die Kinder (noch) leben können und die ihr selbst verdeutlichen, wie sehr sie ihren eigenen Handlungs- und Erlebnisraum eingeengt hat und ungenutzt läßt. Das Ausmaß an Bemühungen zur Trivialisierung von Kindern hängt zudem von unserem Erziehungsideal, unserer Idee von einem „gut erzogenen" Kind ab. Ist das „brave", angepaßte, gehorsame Kind unser Erziehungsideal oder aber das Kind, das seine individuellen Stärken lebt, das nichts als „selbstverständlich" akzeptiert, alle Grundannahmen hinterfragt, eigene, oft ganz „verquere" Ideen hat und immer wieder mit Überraschungen aufwartet?

4.3 Zur Frage der Planbarkeit von Erziehung

Wenn eine Person eine erzieherische Absicht entwickelt hat, wird sie sich naheliegender Weise Gedanken darüber machen, was sie tun sollte, um diese Absicht zu verwirklichen. Sie macht sich einen Plan, nachdem sie handeln und den Erziehungsprozeß steuern will. Unter professionellen ErzieherInnen spricht man dann von einer Erziehungsplanung, die ausgearbeitet und zur Grundlage der Arbeit beispielsweise mit einem „verhaltensauffälligen" Kind gemacht wird.

Dem stehen nun die Überlegungen in diesem Buch gegenüber, die sagen, daß Erziehung kein planbarer Vorgang ist – zumindest wenn man Planbarkeit im üblichen Sinne versteht als ein zielsicheres Herstellen eines ganz bestimmten Zustandes oder als erfolgssichere Manipulation in eine ganz bestimmte Richtung, wenn man also Planbarkeit mit Zielerreichung gleichsetzt für den Fall, daß alles „richtig" gemacht wird.

Andererseits ist es nicht beliebig, wie die ErzieherIn handelt, ist es nicht gleichgültig, welche Erziehungsmaßnahmen sie trifft. Doch kann die Entscheidung über die jeweils angemessene Maßnahme nur im Erziehungsprozeß selbst erfolgen. Oben wurde formuliert, daß an die Stelle von Planung der Akt des Mitspielens in einem evolutionären Spiel tritt, bei dem der Ausgang offen ist. Das bedeutet, daß eine ErzieherIn sich grundsätzlich über mögliche Spielzüge (planend) Gedanken machen kann und sollte, daß sie aber erst im Spiel selbst aufgrund der Beobachtung der Spielzüge ihres Partners die Entscheidung über die eigenen Schritte trifft (und dabei möglicherweise ganz anders handelt als „geplant"). Auch hier läßt sich die Metapher des Fußballspiels heranziehen: Der Spielverlauf und der Spielausgang sind nicht planbar. Die Fertigkeiten und Fähigkeiten der Spieler und evtl. sogar einzelne Spielzüge (z. B. beim Strafstoß) können und sollten jedoch trainiert werden. Wie der einzelne Spieler in der konkreten Situation des Spiels handelt, muß er aufgrund seiner Erfahrung und seiner Beobachtung der Mitspieler aktuell allein entscheiden und hängt von seiner Kreativität ab. Er wird dann wiederum an den Reaktionen der Mitspieler seine weiteren Handlungen orientieren.

Derselbe Vorgang läßt sich auch an einer Metapher von Ernst von Glasersfeld erläutern, die hier in abgewandelter Form benutzt wird (von Glasersfeld 1985, S. 9; vgl. Rotthaus 1987, S. 59 f.): Erziehen könnte dann als das Begleiten eines (jungen) Menschen per Funk auf seiner Suche eines für ihn gangbaren Weges in einem unwegsamen, unübersichtlichen Wald angesehen werden. Der Funkbegleiter kann aus der Ferne Richtungen weisen, Erfahrungen über Chancen und Gefahren mitteilen etc. Wie der junge Mensch aber seinen Weg geht, wo er anstößt und wo sumpfiges Gelände ihn zur Umkehr und zum Suchen nach einem anderen Weg zwingt, ist nicht vorhersehbar. Der Funkbegleiter benötigt ständig Rückmeldung darüber, welche Schritte der junge Mensch mit welchem Erfolg ausführt, um neue Maßnahmen vorschlagen zu können. Ob und wie weit diese von dem jungen Menschen umgesetzt werden und welche Auswirkungen sie haben, erfährt er bei der nächsten Rückmeldung. Und wo der junge Mensch schließlich den Waldrand erreicht, ist nicht zu planen und nicht vorherzusehen. Aber ob der junge Mensch überhaupt den Waldrand erreicht, hängt möglicherweise von der Qualität der seitens des Funkbegleiters vorgeschlagenen Maßnahmen ab.

Planbarkeit und Planung sind deshalb in Zusammenhang mit Erziehung zumindest sehr unglückliche Begriffe. Sie wecken die Vorstellung einer quasi mechanischen Herstellung eines bestimmten Zustandes und verleiten dazu, die Unsicherheit erzieherischen Handelns zu vergessen, die – so Terhart (1987, S. 263) – in zwei Richtungen herrscht: „Einmal kann der Erziehende nie sicher sein, daß seine in erzieherischer Absicht durchgeführten Handlungen auch tatsächlich die von ihm beabsichtigten Wirkungen zeigen, und umgekehrt kann er sich fragen, ob eingetretene erwünschte Wirkungen auf sein beabsichtigtes erzieherisches Handeln zurückzuführen sind." Gefordert ist ein Sichvorbereiten, ein Sicheinstellen und Sichausrichten auf den grundsätzlich unplanbaren Vorgang der Erziehung, über den von Hentig (1985, S. 591) schrieb: „Wer nicht Freude am unplanbaren Umgang mit Kindern hat, für den ist der Lehrerberuf (und ich – W. R. – ergänze: das Dasein als ErzieherIn) nicht auszuhalten."

Walter Herzog skizziert die Gefahr, die in der Idee von Planbarkeit und Machbarkeit von Erziehung liegt:

> „Der ‚Terror' liegt nicht in der Erziehung, sondern in der Erwartung der Perfektionierung des Menschen durch Erziehung. Was wir lernen müssen, ist zu begreifen, daß die Erziehung kein Mittel ist, kein Instrument, mit dem wir etwas herstellen können. Der Traum der Erziehung, ‚alle wesentliche Förderung des ganzen menschlichen Lebens (beruhe) auf der Erziehung', den selbst Schleiermacher träumen konnte, war von Anfang an nicht mehr als ein Traum. Er wird zum Alptraum, wenn wir ihn als Realität ausgeben." (Herzog 1988, S. 532)

4.4 Der Metalog über die erzieherische Beziehung

In dem Prozeß der Erziehung metakommunizieren das Kind und die ErzieherIn kontinuierlich über ihre Beziehung, vor allem über die Motive für ihre Handlungen und über das Recht und die Pflicht der ErzieherIn, das Kind anzuleiten und zu unterstützen, zu fördern, für das Kind dazusein, Vorgaben zu machen, Vorstellungen darüber zu entwickeln, was gut für das Kind ist, und Anforderungen an das Kind durchzusetzen. Dieser Metalog, wie man ihn nennen könnte, begleitet die Handlungen der beteiligten Partner und gibt ihnen Bedeutung.

Jeder Interaktionspartner in diesem metalogischen Prozeß hat dabei über den anderen bestimmte Vorstellungen, Annahmen und Ideen, insbesondere Ideen darüber, aus welchen Motiven heraus der andere handelt. Diese Ideen führen zu ganz bestimmten Deutungen der Handlungen des anderen (die mit den Motiven und Absichten des Handelnden nichts zu tun haben müssen) und bestimmen wiederum das eigene Verhalten. Je nachdem, wie sehr sich eine Idee darüber, wie der andere „ist", verfestigt, daß heißt, je nachdem, wie sehr eine Person einzelne, in einem bestimmten Zusammenhang gemachte Beobachtungen zu Eigenschaften des anderen „ernennt", führen Wahrnehmungen, die auch völlig anders interpretiert werden könnten, zu immer wieder neuen Bestätigungen der einmal von dieser Person entwickelten Idee.

So kann eine Jugendliche beispielsweise aus der Vorstellung heraus, ihre Mutter lege es nur darauf an, ihre Selbständigkeitsentwicklung zu hindern, die von anderen Beobachtern als durchaus berechtigt und situativ angemessen wahrgenommenen Äußerungen von Besorgtheit der Mutter immer wieder als Versuche willkürlicher Einschränkungen erleben und damit als Handlungen und Maßnahmen, gegen die sie sich auflehnen muß. Sie wird sich gegen die angeblichen Einschränkungen wehren und ein kämpferisches Verhalten zeigen, das der Mutter solange ganz unverständlich bleibt, als diese unterstellten Motive und die dadurch ausgelösten Ängste nicht zur Sprache kommen.

Das heißt: Für die ErzieherIn ist es nicht nur notwendig, sich Rechenschaft über ihre eigenen Motive bei ihren erzieherischen Maßnahmen abzulegen. Sie muß vielmehr auch zu erkennen suchen und bedenken, welche Motivation das Kind bei seinen Handlungen erspürt. Sobald sie vermutet, daß zwischen beiden Diskrepanzen bestehen, muß sie versuchen, die wechselseitigen Ideen und Vorannahmen anzusprechen, um auf der Beziehungsebene Offenheit und Klarheit zu erreichen.

Ebenso häufig geschieht es, daß die ErzieherIn dem Kind Motive unterstellt, die mit dessen subjektiver Realität nichts zu tun haben. Klären läßt sich auch das nur im Gespräch, bei dem es darauf ankommt, daß die ErzieherIn wirklich nur „Ich-Botschaften" (vgl. Gordon 1972, 1978) ausspricht, damit ein möglichst vorwurfsfreier Dialog über die Beziehung und die wechselseitigen Vorannahmen bezüglich der Motive und Absichten des jeweils anderen entstehen kann.

4.5 ERZIEHERISCHE VERANTWORTUNG

In der Erziehung stehen sich zwei Partner mit jeweils eigenem Verantwortungs- bzw. Zuständigkeitsbereich gegenüber: Die zu Erziehende ist zuständig für ihr Verhalten auf die erzieherischen Bemühungen der ErzieherIn und verantwortet es. Die ErzieherIn ist zuständig für ihr Erzieherverhalten und verantwortet es. Beides gilt auch dann, wenn die Lebensbedingungen für einen der beiden Partner oder für beide in der Vergangenheit sehr ungünstig waren. Wenn Erziehung gelingt und wenn Erziehung versagt, sind jeweils immer zwei Personen verantwortlich. Diese Tatsache zu übersehen und die Schuld bzw. die Ursache beispielsweise lediglich bei der ErzieherIn zu suchen, würde die Würde des Kindes als eigenständige, autonome Person in Frage stellen.

Ebenso wäre es einseitig und unzutreffend, die Schuld für beispielsweise nicht gelingende Erziehung nur dem Kind zuzuschreiben.

Hierüber darf aber nicht übersehen werden, daß es für die ErzieherIn eine besondere Verantwortung gibt, die auf der anthropologisch begründeten Hilfsbedürftigkeit des Kindes basiert. Diese erzieherische Verantwortung besteht vor allem darin, das Kind mit dem zu versorgen, dessen es bedarf. Das betrifft nicht nur das leibliche Wohl des Kindes, seine Sicherheit und Geborgenheit, sondern umfaßt auch Anleitung und Unterstützung, Anregung und Beratung. Darüber hinaus ist es nützlich, bei den aus der erzieherischen Verantwortung resultierenden Maßnahmen dahingehend zu unterscheiden, ob sie sich auf Handlungen des Kindes oder auf seine Einstellungen und Haltungen beziehen.

Erzieherische Verantwortung in Bezug auf die Handlungen des Kindes orientiert sich an der Überlegung, wie das Kind selbst handeln würde, wenn es die Fähigkeit schon entwickelt hätte, die Konsequenzen seines Tuns zu übersehen und in seiner Bedeutsamkeit einzuschätzen. Entsprechend wird die ErzieherIn das Kind, das auf die Straße läuft, an diesem Tun hindern und festhalten. Ebenso wird sie die Jugendliche, die einen Selbstmordversuch aus Liebeskummer macht, aus der Überzeugung, daß sie im Augenblick die mögliche Endgültigkeit ihres Tuns nicht bedenkt, an ihrem Tun zu hindern suchen. Eindeutige erzieherische Überzeugungen, beispielsweise in Bezug auf einen grenzenlosen Fernsehkonsum oder einen hemmungslosen Konsum von Süßigkeiten und die daraus gefolgerten Maßnahmen, gehören ebenfalls in diesen Bereich erzieherischer Verantwortung. Natürlich werden diese Maßnahmen einhergehen müssen mit Hilfe und Unterstützung beim planenden, vorausschauenden Denken und beim Einschätzen der Bedeutsamkeit der Folgen von Handlungen.

Einen anderen Akzent bekommt die erzieherische Verantwortung und andere Maßnahmen sind erforderlich im Hinblick auf Einstellungen, Haltungen und Meinungen des Kindes. Diese sind immer zu würdigen als die im Augenblick subjektiv angemessenen und richtigen Emotionen und Kognitionen des Kindes – auch wenn es sich um Einstellungen handelt, die den Überzeugungen der ErzieherIn zu wichtigen Themen vollkommen widersprechen. Hier bedeutet erzieherische Verantwortung, daß die ErzieherIn Verantwortung übernimmt für das eigene Denken, Fühlen und Kommunizieren. Selbst ausländerfeindliche Äußerungen des Kindes sind als Resultate der Eigentätigkeit des Kindes zu würdigen, wenn eben auch nicht zu akzeptieren. Diese Äußerungen des Kindes aber einfach als „Dummheiten" oder „Unsinn" abzutun oder zu negieren, würde heißen, die Person des Kindes zu negieren. Demgegenüber kommt es in solchen Fällen darauf an, daß die ErzieherIn selbst für die eigenen Überzeugungen deutlich Verantwortung übernimmt und aus dieser Haltung heraus in einen Dialog mit dem Kind eintritt – wenn auch mit allen Unsicherheiten des Ergebnisses.

Übergreifendes Ziel allen erzieherischen Handelns muß es natürlich sein, die Verantwortung *für* das Kind möglichst rasch zurücktreten zu lassen zugunsten der Selbstverantwortung des Kindes für sich selbst. Allerdings ist dabei darauf zu achten, dem Kind nicht ein Übermaß an Verantwortung aufzubürden. Dies fordert von der ErzieherIn eine hohe Flexibilität des erzieherischen Handelns, erfordert eine Flexibilisierung des Denkens und Fühlens, damit sie in wechselnden pädagogischen Situationen vielschichtig, vielseitig und vielfältig reagieren kann.

Erzieherische Verantwortung kommt im übrigen am ehesten zum Ausdruck an der Art, wie die ErzieherIn selbst Verantwortung für die eigenen Einstellungen, Gefühle und Handlungen übernimmt. Dies ist bedeutsam, weil Kinder und Jugendliche Verantwortlichkeit am ehesten am Beispiel der ErzieherIn erlernen, die Verantwortung für sich selbst übernimmt. Das erfordert von der ErzieherIn

1. die ständige Bereitschaft, das eigene Fühlen und Handeln im Gespräch mit dem Kind in Frage zu stellen und beispielsweise in der Rückschau seine Berechtigung kritisch zu werten,
2. Verantwortung zu übernehmen für die eigenen Überzeugungen, für die Klarheit und Deutlichkeit der eigenen Einstellungen und Meinungen,
3. Verantwortung zu übernehmen für die eigenen Grenzen als die Grenzen der Freiheit des Kindes, diese Grenzen auch deutlich zu machen und sie nicht aus Scheu vor Auseinandersetzungen mit dem Kind oder aus falsch verstandener Großzügigkeit zu verwischen.

Aus einem systemischen Verständnis läßt sich nicht sagen: Die Welt ist nun einmal so, wie sie ist. Vielmehr muß man formulieren: Wir machen die Welt so wie sie ist, und das bedeutet: Wir müssen dafür – jeder einzeln und alle gemeinsam – die Verantwortung übernehmen.

4.6 DAS ERZIEHERISCHE GESPRÄCH

Erziehung findet im wesentlichen im Gespräch statt. Entsprechend führt die Erwachsene das Kind in die Muttersprache ein und vermittelt damit, wie wir gemeinsam die Welt sehen und interpretieren, wie wir Sinn und Bedeutungen konstruieren, welche Vorannahmen wir machen und welche Normen und Regeln wir uns geben.

Viele Gespräche zwischen Erwachsenen und Kindern handeln um den Sinn und die Berechtigung von erzieherischen Ansprüchen und Forderungen oder die Angemessenheit von Regeln des gemeinsamen Zusammenlebens. Dies erscheint insofern angemessen, solange diese Gespräche dazu dienen, den Sinn solcher Ansprüche und Forderungen im größeren Kontext zu erläutern und verständlich werden zu lassen.

Allerdings sollte die ErzieherIn sorgfältig darauf achten, das Gespräch und die Erläuterungen nicht in eine Diskutiererei und Streiterei ausarten zu lassen, an deren Ende sowohl „Sieger" wie „Besiegte" unzufrieden sind. Zu einem nicht zu späten Zeitpunkt wird die Erwachsene mit einem „Ich will das so!" die Diskutiererei beenden und dabei in Kauf nehmen müssen, daß das Kind eventuell unzufrieden oder auf sie wütend ist. Zwischen Kind und ErzieherIn muß durchaus nicht immer Einvernehmen herrschen. Gegenteilig kann das Ertragen von Enttäuschungen und vor allem auch das Aushalten von Konflikten durchaus die Persönlichkeitsentwicklung fördern.

Großen Raum nehmen in vielen Familien oder sonstigen erzieherischen Kontexten Gespräche über Defizite, Unzulänglichkeiten, Schwierigkeiten und Probleme ein. Dabei wird nicht selten sehr viel nachhaltiger und ausführlicher über die Unzulänglichkeiten und Probleme gesprochen, die die Eltern und ErzieherInnen bei ihren Kindern beobachten, als über die Schwierigkeiten, die die Kinder selbst wahrnehmen und an ihre Eltern oder ErzieherInnen als eigene Probleme herantragen und die häufig mit allzu schnellen Lösungsideen und Ratschlägen beantwortet werden. Genau umgekehrt sollte es sein.

Trägt das Kind eigene Schwierigkeiten und Probleme an die ErzieherIn heran – was bedeutet, daß tatsächlich das Kind das Problem hat! –, sind in aller Regel nicht schnelle Lösungen gefragt. Sie laufen viel zu sehr Gefahr, das eigentliche Anliegen nicht zu treffen und an den Bedürfnissen des Kindes vorbeizulaufen. Das Gefühl, nicht verstanden zu werden, und vor allem das Erleben, der Erwachsenen in seiner Individualität und Besonderheit nicht wirklich wichtig zu sein, sind allzu leicht die Folge.

Demgegenüber wird es darauf ankommen, daß die Erwachsene sich Zeit nimmt, sich in die Gedanken- und Gefühlswelt des Kindes einzufühlen sucht und das Gelingen ihres Einfühlens sorgfältig hinterfragt. Ist auf diese Weise Verstehen einigermaßen gesichert, kann ein gemeinsames Suchen nach Lösungen erfolgen. Zwar sollte die Erwachsene durchaus Lösungsideen äußern und damit dem Kind ihr Erfahrungswissen zur Verfügung stellen. Auf dem Weg aber zu seiner eigenen Lösung ist dem Kind die gedankliche Führung zu überlassen, was bedeutet, daß sich die Erwachsene über das Bereitstellen von Erfahrungen hinaus auf Anregungen beschränkt, wie man Lösungen findet.

Ganz anders die Situation, wenn die Erwachsene ein Defizit, ein Ärgernis, eine „Verfehlung", eine Schwierigkeit oder ein Fehlverhalten beim Kind wahrnimmt. Nun hat die Erwachsene das Problem, daß heißt: sie ist besorgt, sie ist unzufrieden, sie ärgert sich. Dies sollte sie – wenn es ihr notwendig erscheint – als eine Ich-Botschaft aussprechen, als ihr Gefühl und ihr Erleben, und ggf. den Wunsch nach einer Verhaltensänderung äußern.

Allerdings werden viel zu viele Gespräche über Defizite, Schwierigkeiten und Fehlverhaltensweisen geführt. Denn alle problem-zentrierten Gespräche sind problematisch. Sie schaffen tendenziell ein negatives Erziehungsklima und vergrößern die Probleme dadurch, daß man sie unter die Lupe nimmt. Nehmen sie einen negativen Verlauf – und die Gefahr ist groß –, weiten sie sich mit hoher Wahrscheinlichkeit immer mehr aus, bis schließlich – und solche Gespräche haben hypnotische Wirkung – das ganze Leben ein Problem zu sein scheint.

Merkwürdigerweise ist die Idee, man müsse über ein Problem reden, wenn man es beseitigen will, sehr verbreitet. Dabei dürfte jeder bereits bei sich selbst die Erfahrung gemacht haben, daß er ein unerwünschtes Verhalten am ehesten überwunden und ein neues Verhalten oder eine neue Fähigkeit besonders rasch gelernt hat, als dieses neue Verhalten oder auch nur ein Ansatz dazu vielleicht zu seiner eigenen Überraschung von einer ihm wichtigen Person als seine besondere Leistung oder seine bemerkenswerte Stärke bezeichnet oder auch nur gelobt und anerkannt worden war. Trotzdem neigen fast alle Menschen dazu, bei anderen – und eben auch bei dem zu erziehenden Kind – Fehler und Schwächen wahrzunehmen und darüber zu reden. Fachleute im psychosozialen Bereich werden noch heute förmlich dazu ausgebildet, eine solche Sicht und Handlungsweise anzunehmen.

Demgegenüber läßt sich formulieren, daß ressourcen- und lösungsorientierte Gespräche am ehesten dem Ziel dienen, Kinder zu fördern. Die Ressourcen, die Fähigkeiten der Kinder wahrzunehmen und das hervorzuheben, was sie gut machen, wird nahezu zwangsläufig dazu führen, daß die Kinder Spaß daran haben, mehr davon zu tun. Auch von dem Problemverhalten, daß die Erwachsene wahrgenommen hat, gibt es von Zeit zu Zeit Ausnahmen, und es ist eine wesentlich erfolgreichere Strategie, mit dem Kind statt über sein Fehlverhalten über diese Ausnahmen zu sprechen. Jetzt kann man mit ihm erörtern, warum es diesmal so gut gelungen ist und was es anders gemacht hat als sonst, um diesen Erfolg zu erreichen, ob es die Reaktion der anderen auf sein Verhalten wahrgenommen hat und wie es sich selbst dabei fühlte. Nun auf einmal wird das erwünschte Verhalten unter die Lupe genommen, damit immer größer und bedeutungsvoller, bis schließlich – und auch jetzt zeigt sich eine hypnotische Wirkung – das ganze Leben einen positiven Akzent bekommt.

Ausnahmen von einem Problemverhalten findet man eigentlich immer, wenn man aufmerksam genug danach sucht. Besteht jedoch ein Problemverhalten, das auch das Kind als solches anerkennt, und sind Ausnahmen davon allzu selten wahrnehmbar, so kann das erzieherische Gespräch darüber geführt werden, was das Kind wohl tun werde, wenn – wie durch ein Wunder oder durch harte Arbeit – das Problemverhalten verschwunden wäre. Wie würde dann ganz konkret und anschaulich sein Verhalten sein – so wie ich es aus der Mäuschen-Perspektive dann beobachten könnte –, und in welcher Weise würden die anderen dann anderes reagieren? Auch solche Gespräche haben hypnotischen Charakter; das erwünschte Verhalten wird sozusagen herbeigeredet.

Mit Kindern über die Zeiten zu reden, in denen das unerwünschte Verhalten nicht mehr auftritt, und mit ihnen genau zu überlegen, was sie denn dann „statt dessen" tun, hat auch noch einen weiteren guten Grund. Kinder, auch solche, denen wegen ihres Verhaltens schon seit langer Zeit viele Vorwürfe gemacht werden, wissen zumeist nur, daß sie Dinge falsch machen. Was sie konkret tun sollen,

119

wie sie sich verhalten, wenn sie es richtig machen – darüber haben sie erstaunlicherweise oft keinerlei konkrete Vorstellungen und äußern, wenn man sie danach fragt, lediglich Leerformeln wie „brav sein", „lieb sein", „nicht aggressiv sein", „sich angepaßt verhalten" oder ähnliches. Wie aber soll ein Mensch sich ändern und sich anders verhalten, wenn er nicht weiß, wie dieses „anders" aussieht?

Als Schlagwort läßt sich deshalb formulieren: Gute erzieherische Gespräche zeichnen sich dadurch aus, daß sie wenig problemzentriert sind, sondern vor allem ressourcen- und lösungsorientierten Charakter haben, daß sie das erwünschte Verhalten zum Thema machen und vor allem über die vielen kleinen, schon gelungenen bzw. gelingenden Schritte hin zu dem angestrebten Ziel geführt werden.

5. Jenseits von Erziehung oder Wo Erziehung noch unsicherer wird

5.1 FAMILIE UND SCHULE ALS ERZIEHUNGSINSTITUTIONEN

Die bisherigen Überlegungen zum Prozeß des Erziehens bezogen sich auf die individuelle Beziehung zwischen Kind und ErzieherIn und schlossen die Kontextbedingungen des jeweiligen sozialen Raums, in dem diese erzieherische Beziehung stattfindet, nur insoweit ein, als sie die Umwelt für die individuelle erzieherische Beziehung darstellen. Das hängt zusammen mit der Definition von Erziehung, die als wichtigstes Element die Absicht der Beeinflußung hin auf ein bestimmtes Ziel seitens der ErzieherIn enthält und damit auf die personale Erziehungsbeziehung zwischen zwei Individuen gerichtet ist.

Der Blick auf Erziehung bleibt aber unvollständig, wenn nicht die Eigendynamik der sozialen Erziehungssysteme selbst berücksichtigt wird. Denn aus dieser Systemdynamik resultieren eigene, bedeutsame Erziehungs- und Sozialisationseinflüsse.

Die Aufgabe der Erziehung wird in unserer Kultur vor allem zwei sozialen Institutionen zugeordnet, der Familie und der Schule (einschließlich des Kindergartens). Dies wird in solchen Augenblicken besonders deutlich, wenn in der Gesellschaft ein Erziehungsdefizit festgestellt wird. Es folgen dann jeweils Schuldzuschreibungen an die Familie oder an die Schule (je als Institution). Entsprechendes kann man beobachten, wenn ein individuelles Problemverhalten bei einem Kind auftritt. In solchen Fällen kommt es vielfach zu einem wechselseitigen Beschuldigen zwischen diesen beiden Erziehungs- bzw. Sozialisationsinstitutionen: einer Schuldzuschreibung an die Schule seitens der Familie und umgekehrt einer Schuldzuschreibung an die Familie seitens der Schule.

Die Grundfunktion, die beide Institutionen für die Erziehung leisten, ist die Beschreibung der Differenz zwischen Kindern und Erwachsenen: Kinder werden dadurch definiert, daß sie noch erzogen und unterrichtet werden müssen, wobei die Familie mehr den Teil Erziehung und die Schule mehr den Teil Unterricht übernimmt. In der Familie wird die Rollendifferenz zwischen Eltern und Kindern durch die sogenannte Generationengrenze betont; in der Schule besteht eine kaum jemals hinterfragte Rollendifferenz zwischen den Lehrern, die wissen, und den Schülern, die noch nicht wissen. Diese Rollendifferenzierung dient dazu, die Bereitschaft der Kinder zu sichern, sich erziehen und belehren zu lassen – wie gesehen eine notwendige Voraussetzung dafür, daß Erziehen und Belehren überhaupt Erfolg haben kann. Tatsächlich erfüllen beide Institutionen, zumindest bei jüngeren Kindern, diese Funktion sehr erfolgreich. Luhmann (1987b, S. 83–84) schreibt dazu:

„Erziehung ist also auf soziale Stützeinrichtungen angewiesen, die diese Wahrscheinlichkeit des Mißerfolges neutralisieren. In Schulen z. B. wird die Absicht auf die Institution, nicht auf die Augenblicksentscheidung des Lehrers zugerechnet …. In jedem Fall kann es angesichts dieser primären Unwahrscheinlichkeit des Erziehungserfolges ein gutes Rezept sein, die Erziehung nicht über Kommunikation laufen zu lassen, sondern Situationen zu schaffen, die ein gewisses Sozialisationspotential aktualisieren – eine alte Pädagogenweisheit übrigens. Man eliminiert damit den Widerstand gegen Erziehung als Kommunikation und verläßt sich, ohne Erfolgssicherheit freilich, auf eine hinreichende Kongruenz psychischer und sozialer Ereignisse."

Die Erziehungswirkungen der jeweiligen Erziehungskontexte – Familie und Schule – beschränken sich allerdings nicht nur auf diesen einen Gesichtspunkt, auch wenn er der grundlegende sein dürfte. Das soziale Feld Familie und das soziale Feld Schule haben manigfache Auswirkungen auf die Entwicklung von Kindern, teils beabsichtigte, zum großen Teil aber unbeabsichtigte und in vielen Fällen auch ungewollte, die sozusagen in Kauf genommen werden müssen.

„Es handelt sich hier um eine Art zweite Sozialisation – zweite Sozialisation nicht im Anschluß an eine erste, sondern als Folge

122

sehr besonderer sozialer Bedingungen, mit denen versucht wird, Sozialisation als Erziehung zu planen. Gerade wenn diese Systeme alles tun, um den zunächst wahrscheinlichen Widerstand gegen die Erziehung auszuschalten, ist um so mehr damit zu rechnen, daß sie besondere soziale Strukturen entwickeln, die ihre eigenen Sozialisationseffekte erzeugen."

An anderer Stelle spricht Luhmann (1987b, S. 66) von der „Unausweichlichkeit einer zweiten, educogenen Sozialisation im Erziehungssystem selbst" und schreibt dazu:

> „Sobald es zur Ausdifferenzierung sozialer Systeme kommt, die sich primär, wenn nicht nahezu ausschließlich mit Erziehung befassen, läuft auch in diesem System Sozialisation ab, die pädagogisch nicht kontrolliert werden kann. Man wird vor allem an Schulen denken; aber auch ein Familienklima, das monoman an Erziehung orientiert ist, differenziert die einzelne Familie in diese Richtung aus. Die Intentionalisierung wird explizit oder implizit Gegenstand der Systemkommunikation. Derjenige, der erzogen werden soll, merkt die Absicht und gewinnt dadurch die Freiheit, sie zu durchkreuzen. Er kann sich ihr zum Schein fügen, kann auf seine eigene Weise ‚einsehen', kann auf Nebenaspekte reagieren, kann offen rebellieren, ohne zu merken, wie sehr er dabei doch folgt. Schon die Breite dieser Möglichkeiten und ihr rascher Wechsel von Situation zu Situation entzieht sich der Einsicht des Erziehers, von Planung und Kontrolle ganz zu schweigen. Vom Effekt her gesehen wird diese mitlaufende Sozialisation daher nicht selten die Erziehung überholen und das Ergebnis mehr prägen, als die noch so durchgeplante pädagogische Absicht."

Es mag deshalb lohnen, den „ungewollten Nebenwirkungen in der Erziehung" (vgl. Spranger 1962) Aufmerksamkeit zu schenken und einige Überlegungen anzuschließen, wie sie sich nicht nur evtl. reduzieren, sondern sogar erzieherisch nutzen lassen.

5.2 Das Erziehungssystem Familie

Wie jede soziale Gruppe entwickeln Familien bestimmte Regeln, Ideen und Annahmen darüber, wie man zusammenleben will und soll, was richtig und wichtig ist und was Verstöße gegen die gemeinsamen Überzeugungen sind. Diese Regeln und Vorannahmen werden teils bewußt gesetzt und untereinander abgesprochen. Zu einem Großteil werden sie aber ohne offenen Dialog entwickelt und sind für die Familienmitglieder Selbstverständlichkeiten, die nicht hinterfragt werden. Viele dieser Regeln und Vorannahmen werden im Laufe der Familienentwicklung den jeweils neuen Bedürfnissen der Familienmitglieder angepaßt und entsprechend weiterentwickelt.

Familiäre Regeln betreffen naheliegenderweise Einstellungen und Grundannahmen bezüglich der Art, wie man in Gruppen zusammenlebt. Hat jeder seinen Anteil zum Gemeinwohl beizutragen, oder gibt es Unterschiede? Sind die Aufgaben von Frauen und Männern qualitativ gleich oder unterschiedlich? Ist der Umfang dessen, was Frauen und Männer für die Gemeinschaft zu leisten haben, gleich oder unterschiedlich? Gibt es hierbei Unterschiede zwischen Mädchen und Jungen? Wie werden familiäre Entscheidungen getroffen? Dürfen Vater und Mutter jeweils wichtige Entscheidungen alleine treffen oder nur gemeinsam, oder wer von beiden trifft sie? Darf man über die Art sprechen, wie Entscheidungen getroffen werden?

Welche Regeln gibt es zudem darüber, wie Beziehungen in der Familie gelebt werden? Heißt die Regel vielleicht: „Ich bin nur glücklich, wenn Du glücklich bist", und wäre es ein Verrat an dem anderen, etwas zu genießen, was ihm einen Stich im Herzen hinterläßt (beispielsweise der Stich im Herzen des Vaters bei der ersten Liebesbeziehung seiner Tochter)? Oder hat jeder sein Leben zu leben, ist für sich selbst verantwortlich, und man freut sich, wenn man zusammenkommt und gemeinsam etwas unternimmt?

In der Familie wird das Kind auch darüber unterrichtet, wie die Welt „ist", und erhält Anregungen zu entsprechenden Handlungen. Macht es die Erfahrung, daß in dieser Welt das Recht des Stärkeren gilt und daß es darum gehen muß, Machtpositionen zu erreichen? Wird die Verwerflichkeit eines Tuns an der Handlung gemessen oder an den Motiven und Absichten, die sich mit der Handlung – angeblich – verbinden (beispielsweise wenn ein älteres Kind ein jüngeres geschlagen hat)?

Das Kind erfährt also in der Familie eine Fülle von Anregungen zur Selbstsozialisation, teils beabsichtigte (also: Erziehung), teils

unbeabsichtigte (also: Sozialisation). Dabei kann es durchaus geschehen, daß die erzieherisch bewußt angestrebten Normen den
Regeln und Wertvorstellungen widersprechen, die unreflektiert,
unkritisch, teils unbewußt als „in der Erziehung mitwirkende Normen" (vgl. Klafki u.a. 1970b, S. 18 ff.) in die Erziehungsprozesse ein-
fließen. So kann beispielsweise in einer Familie bewußt und mit erzieherischer Absicht die Regel vertreten werden, daß Frauen und
Männer, Mädchen und Jungen gleiche Rechte und Pflichten haben,
in nicht reflektierten Handlungen aber doch immer wieder zum
Ausdruck kommen, daß der Vater ein höheres Maß an Dominanz in
Anspruch nimmt und zugebilligt bekommt als die Mutter. In ähnlicher Weise mag in einer Familie Toleranz wichtiges Erziehungsziel
sein, in vielen unreflektierten Handlungen aber ein großes Maß an
Intoleranz zum Ausdruck kommen.

Bewußt angestrebte Erziehungsziele und unreflektierte, in der
Erziehung mitwirkende Normen stellen gleichermaßen Anregungen zur Selbstsozialisation dar. Wie das Kind auf diese Anregungen
reagiert, bestimmt es selbst, wenn auch in Abhängigkeit von Macht-
verhältnissen. So kann z. B. ein wesentlicher Lerneffekt (Erziehungs-
effekt) von Erziehung auch darin liegen, daß das Kind Methoden
und Techniken entwickelt, erzieherischen Anforderungen auszuwei-
chen (Eltern „herumkriegen", Eltern gegeneinander ausspielen, sich
einschmeicheln, Bravheit vortäuschen und in Wirklichkeit etwas
ganz anderes tun etc.). Das heißt insgesamt: Unerwünschte Nebenwirkungen von Erziehung können zu den wesentlichen Wirkungen
erzieherischer Handlungen überhaupt werden.

5.3 Das Erziehungs- und Bildungssystem Schule

In der Institution Schule überwiegt das Unterrichten gegenüber dem
Erziehen. Das ist auch kaum anders möglich, denn ein individuel-
ler erzieherischer Prozeß mit der notwendigen Beobachtung dessen, was die erzieherisch gemeinte Handlung bei dem einzelnen
Kind auslöst, ist angesichts einer Schüler-Lehrer-Relation von ca.
25 : 1 nicht zu verwirklichen.

Schule hat aber zweifellos eine hohe Wirksamkeit durch die lange Zeit (ca. 1/6 bis 1/7 der Lebenszeit), in der Schulleistungen und

schulisches Weiterkommen die wichtigsten Aufgaben für die jungen Menschen sind, und durch den hohen Organisationsgrad mit festen Rollenvorschriften, formalisierten Beziehungen, zahlreichen Ritualen (Klassenarbeiten, Zeugnisse etc.) und einer ausgeprägten hierachischen Struktur. Auf diese Weise erzieht Schule mit mehr oder weniger großem Erfolg zu Arbeit, Pünktlichkeit, Ausdauer, Konzentration, Sorgfalt und vor allem Anpassung.

Treml spricht in diesem Zusammenhang von einer Erziehung durch die Strukturen des Interaktionssystems Schule bzw. Unterricht, die allerdings nicht unbedingt so verlaufe, wie von den „Machern" dieses Interaktionssystems geplant. Man lerne das Wichtigste nebenbei, ohne sich das Gelernte bewußt aneignen zu müssen, sondern einfach durch ein Handeln in den bestimmten Strukturen. Das „Wichtigste" sei aber nicht unbedingt das, was sich die Erzieher als Unterrichtseffekte erhoffen würden (vgl. Treml 1982, S. 138). Cachay und Thiel führen dazu aus:

> „Blickt man auf die Strukturen des Interaktionssystems Unterricht in der Schule, so zeigt sich, daß (zumindest in der Sekundarstufe) aus der Vorgabe von Curricula und Notensystemen, aus der letztendlich immer ‚mächtigeren Position' des Lehrers und vor allem aus dem Prinzip der Selektion für den späteren Berufsweg eine zentrale Handlungslogik resultiert, die sich darauf bezieht, das Vorgegebene ‚so gut wie möglich zu lernen', um ‚so gute Noten wie möglich' für ‚bestmögliche Berufschancen' auf dem Arbeitsmarkt zu haben. Diese Handlungslogik ist dominant und prägt in diesem Sinne letztendlich konformes Verhalten von Schülern." (Cachay u. Thiel 1996, S. 338 f.)

Darüber hinaus gibt es aber gerade in der Schule eine Fülle ungewollter Nebenwirkungen in der Erziehung, die auch als der „heimliche Lehrplan" oder als „hidden curriculum" bezeichnet werden. Sozusagen im Verborgen „lehrt" die Schule, daß Schulleistungen relativ sind und man deshalb von den schlechten Leistungen seiner MitschülerInnen profitiert, d. h., daß das eigene Glück auf dem Unglück des anderen fußt (und daß es deshalb vielleicht nicht klug ist, diesen anderen zu unterstützen). SchülerInnen machen die Erfahrung von Hilflosigkeit und Ohnmacht und lernen je individuell den Umgang mit Macht und Autorität. SchülerInnen lernen, so zu tun, als ob sie voll bei der Sache seien, auch wenn sie unter der Bank ganz etwas anderes machen. SchülerInnen lernen teils sehr subtile Fähigkeiten, die LehrerInnen von der Tatsache abzulenken, daß sie nichts gelernt haben. SchülerInnen machen zumindest subjektiv die Erfahrung, daß ihr Wert lediglich daran gemessen wird, ob sie das „Klassenziel" erreichen oder nicht.

5.4 DAS ERZIEHUNGSZIEL, EINE METAPOSITION EINNEHMEN ZU KÖNNEN

Die Erziehungsinstitutionen Familie und Schule bilden als soziale Systeme eine – in der Formulierung von Luhmann (1986, S. 109) – „autonome kommunikative Realität", die von den Mitgliedern dieser Institution mitgeschaffen wird und auf dieselben wieder zurückwirkt. Dabei kommt es zu Effekten, die sich mit den Absichten einzelner Beteiligter decken können, ihnen teilweise aber auch diametral widersprechen. Solche latenten, nicht geplanten Lerneffekte sind mehr als unvermeidliche Betriebsunfälle, vielmehr Teileffekte des charakteristischen Operierens sozialer Systeme.

Aus dieser Erkenntnis leitet sich die Forderung nach zwei unterschiedlichen Umgehensweisen mit diesem Phänomen ab: Zum einen mag es natürlich sinnvoll sein zu analysieren, welche latenten Lerneffekte unter welchen Bedingungen entstehen, und dann das Ziel zu verfolgen, dieselben – soweit sie unerwünscht sind – nach Möglichkeit zu vermeiden oder zu verringern. Zum anderen sollte dies Phänomen als Hilfe genutzt werden, am konkreten, die Kinder wie die ErzieherInnen bzw. LehrerInnen betreffenden Beispiel Kommunikation über Kommunikation zu lehren.

Zum ersten Gesichtspunkt: Natürlich ließe sich schulische Kommunikation beispielsweise daraufhin überprüfen, durch welche Kommunikations- und Verhaltensmuster das in offiziellen Lernplänen favorisierte „Lernziel Solidarität" konterkariert wird und welche Änderungen in der Schule möglich sind, um in weniger ausgeprägtem Maße Konkurrenz, Verdrängungswettbewerb und Ellbogenmentalität zu fördern.

Der zweite Gesichtspunkt erscheint noch wichtiger, ist nicht scharf vom ersten zu trennen, vielleicht auch einfach umfassender. Hier geht es darum, Unterricht über Unterricht zu machen bzw.

Unterricht über Schule als soziales System, d. h. Unterricht über offizielle und „heimliche" Lehrpläne. Dabei geht es nicht nur um eine „Professionalisierung der Schüler", das heißt darum, „daß den Schülern ihre Taktiken bewußt gemacht werden, daß sie aufgeklärter, risikoreicher, erfolgreicher und reflektierend ihre ‚Berufsrolle' zu spielen in der Lage sind" (Jensen 1990, S. 58). Vielmehr sollte als wesentliches Erziehungsziel die Fähigkeit trainiert werden, Metapositionen einzunehmen und die verführerische Eigendynamik von sozialen Systemen zu durchschauen. Ein Unterrichtsprojekt „Schülertaktiken" (Heintze 1978 nach Jensen 1990) mag lebensnaher Aufhänger sein, um eine Distanzierung zum eigenen Rollenverhalten in bestimmten sozialen Situationen zu trainieren – eine Fähigkeit, die nicht nur als wichtige Bedingung für psychische Gesundheit erscheint, sondern vor allem als wichtige Voraussetzung zur Selbstimmunisierung gegen die Verführungskraft sozialer Systeme. (Siehe dazu auch Teil III.)

Teil III: Wozu erziehen?

Anregungen zur Ausrichtung und Zielorientierung von Erziehung

1. Rückblick

An dieser Stelle sei ein kurzer Rückblick gestattet: Eine herkömmliche Erziehung – so zeigte sich im ersten Kapitel dieses Buches – basierte auf dem Unterschied von Kindern und Erwachsenen, von unfertigen und fertigen Menschen, von Noch-nicht-Erzogenen und Erzogenen, von Unwissenden und Wissenden und machte das Kind zum Objekt ihrer Bemühungen mit dem Ziel, es „zum Menschen" zu erziehen. Einer solchen Erziehung ist unter verschiedenen Gesichtspunkten der Boden entzogen: Die Sicherheit und Eindeutigkeit des Unterschieds zwischen Kind und Erwachsenem schwindet zusehends, und die Idee mechanistischer Macharbeit in erzieherischen Beziehungen (wie in allen sozialen Beziehungen) ist wissenschaftstheoretisch nicht mehr haltbar.

Demgegenüber muß Erziehung zunehmend auf eine andere Beziehungsbasis gestellt werden: Dies ist eine partnerschaftliche Beziehung zwischen kompetenten Menschen gleichen Rechtes und gleichen Wertes, die sich jedoch darin unterscheiden, daß das Kind über spezifische Kenntnisse, Fähigkeiten und Fertigkeiten für das Leben in unserer Kultur noch nicht verfügt. Aus diesem Grunde ist es noch erziehungs- und bildungsbedürftig und bedarf der Anregung, Unterstützung und Anleitung durch den Erwachsenen.

Zu einem ganz entsprechenden Ergebnis kamen die Überlegungen des zweiten Kapitels. Aus systemtheoretischer Sicht muß die ErzieherIn davon ausgehen, daß das Kind ein ganz genauso autonom handelndes Lebewesen ist wie die Erwachsene, das seine Lern- und Entwicklungschritte primär aufgrund seiner eigenen internen Entscheidungsprozesse vollzieht und nicht aufgrund äußerer (erzieherischer) Einflüsse. Das bedeutet jedoch nicht, daß die Qualität dieser (erzieherischen) Außeneinflüsse ohne Bedeutung sei. Im Gegenteil: Bei aller Autonomie sind Menschen wie alle Lebewesen in hohem Maße umweltabhängig. Und diese Umwelt ist nicht eine objektive Welt da draußen, sondern die Welt, die wir gemeinsam mit anderen hervorbringen. Das bedeutet auch, daß unsere erzieherischen Ideen und Überzeugungen, das, was wir unseren Kindern „weitergeben", wozu wir sie anregen möchten, von hoher Bedeutung ist, nicht einmal in erster Linie nur für das Kind, sondern mehr noch für uns alle. Darum ist das dritte Kapitel der Frage gewidmet, welche Ausrichtung und Zielorientierung Erziehung heute haben könnte bzw. sollte.

2. Anregung einer radikal persönlichen Verantwortung für das eigene Handeln

2.1 ABSCHIED VON IDEOLOGIEN UND WAHRHEITEN

Eltern und ErzieherInnen fragen sich heute nicht nur, ob sie überhaupt erziehen und – bei positiver Antwort auf diese Frage – welche Erziehungsmittel und Erziehungsmethoden sie anwenden sollen. Sie sind auch zutiefst verunsichert darüber, welche Orientierung sie ihren erzieherischen Bemühungen geben und welche übergreifenden Erziehungsziele sie anstreben wollen, und wissen häufig nicht, welche Erwartungen und Forderungen sie überhaupt an ihre Kinder richten dürfen und sollen. Dieser Tatbestand wird vielfach als „Verfall der Werte" beklagt, und die, die so klagen, fordern zumeist vehement eine Rückkehr zu alten Werten, Normen und Regeln.

Allerdings ergibt sich aus dieser Wertediskussion, schaut man genauer hin, ein wenig einheitliches Bild: So steht der nicht zu bestreitenden Unsicherheit der Erwachsenen, welche Forderungen sie denn an Kinder und Jugendliche stellen können, die gut belegte Tatsache gegenüber, daß viele Jugendliche durchaus klare Vorstellungen über angemessenes und nichtangemessenes Verhalten haben, so daß man nicht formulieren kann, der Jugend fehle jede Orientierung.

Trotzdem wird man als Kern der gesamten Diskussion festhalten müssen, daß heute ein großes Mißtrauen gegenüber allen Ideologien und den daraus abgeleiteten Moralvorstellungen und moralischen Forderungen besteht, unabhängig davon, ob es sich um kommunistisch oder christlich geprägte oder aber anderweitig abgeleitete, beispielsweise vaterländisch orientierte Ideologien handelt. Wir sind mißtrauisch geworden gegenüber den so begründeten Kategorisierungen von „gut" und „böse" und können auch nicht mehr dar-

132

an vorbeisehen, daß in unserer Geschichte fast alle Kriege und sonstigen Greueltaten im Namen von derartigen, angeblich nicht hinterfragbaren Ideologien und „Wahrheiten" begangen worden sind.

Dies hat letztlich auch eine zwingende innere Logik. Denn Ideologien, „Wahrheiten" verleiten den Menschen zur Nichtübernahme von persönlicher Verantwortung. Die Möglichkeit, sich auf den angeblich höheren Wert, den Gehorsam gegenüber dem vermeintlich göttlichen Auftrag oder den Befehl des Führers, auf die angeblich selbstverständlichen Besitzansprüche der Volksrasse oder ähnliches berufen zu können, eröffnet – das ist die offensichtliche Erfahrung über Jahrtausende – die „Erlaubnis" zu Handlungen jedweder Grausamkeit und Schrecklichkeit. Allzu bereitwillig wird immer wieder vergessen, daß „objektive" Beobachtungen und „wahre" Annahmen Erfindungen von Menschen sind, die vielleicht einmal mit guter Absicht erdacht worden sind, aber – wenn sie denn lang genug überlebten – mit an Sicherheit grenzender Wahrscheinlichkeit zu einem späteren Zeitpunkt (auch) mißbraucht wurden. Heinz von Foerster hat – ebenso wie Maturana, Varela u. a. – immer wieder darauf hingewiesen, daß es keine Objektivität geben könne. Er schreibt: „Objectivity is a subject's delusion that observing can be done without him" (zitiert n. von Glasersfeld 1985, S. 19 – Objektivität ist die Wahnvorstellung eines Menschen, daß er wahrnehmen könne, ohne selbst daran beteiligt zu sein). Und Heinz von Foerster setzt eben genau das hinzu: Die Anrufung der Objektivität ist gleichbedeutend mit der Abschaffung persönlicher Verantwortung. Darin liegt ihre Popularität begründet.

Balgo und Voß formulieren diesen Sachverhalt folgendermaßen:

> „Mit der … dualistischen Sichtweise von ‚Wahr'-nehmen und ‚Falsch'-nehmen entsteht zwangsläufig die Auffassung von ‚wahr' und ‚falsch', ‚normal' und ‚gestört', ‚krank' und ‚gesund' sowie in deren Folge ‚reich' und ‚arm', ‚Freund' und ‚Feind' und somit der Kampf der Gegensätze. Es entstehen Kämpfe um den ‚richtigen' Glauben, die ‚richtige' politische Ideologie, die ‚richtige' wissenschaftliche Theorie, die ‚richtige' Lebensweise, Ordnung, Moral, kurzum: das ‚richtige' Bild der Welt, wie sie ist. In bester Absicht bekämpfen wir die Unwahrheit, die Verrücktheit, die Dummheit, die Behinderung, die Störung, die Armut, die Ungleichheit, die Unordnung, die Unmoral … und notfalls ziehen wir – wie immer

– nur für den Frieden in den Krieg. Eine solche Sichtweise versperrt den Blick dafür zu sehen, daß wir die Probleme, die wir selbst konstruiert haben, dadurch aufrecht erhalten, daß wir sie definieren, diagnostizieren, erklären sowie bekämpfen und sie zu unserem beständigen Thema machen ... Wer weiß, wie die Welt ,ist', der weiß, was man selbst und was die anderen in dieser tun müssen, um sich ,richtig' zu verhalten (,Wissen ist Macht'). Die Welt sagt uns, wie wir uns verhalten müssen, und deshalb verhalten wir uns so, wie wir uns verhalten, weil die Dinge nun einmal so sind, wie sie sind. Wir wälzen die Verantwortlichkeit für unser Handeln auf die Dinge, wie sie sind, und tun das, was wir tun, nicht weil *wir* es richtig finden, sondern weil es ,richtig' ist. Und mit dem Verweis auf Objektivität fordern wir dies auch von allen anderen. Fremdbestimmung wird dadurch legitimiert, daß man im Besitz der ,Wahrheit' ist, des ,wahren Wissens', des ,richtigen' Bildes der Wirklichkeit, dem alle anderen folgen sollen." (Balgo u. Voss 1996, S. 59 f.)

Es gibt viele Metaphern und Modelle, die die Welt oder bestimmte Sachverhalte auf der Welt erklären. Pädagogen berufen sich auf die Natur des Kindes und leiten daraus ihre erzieherischen Handlungen ab. Philosophen beziehen sich auf die Vernunft des Menschen und begründen damit ihre Denkmodelle. Physiker entwickeln ein Bild vom Molekül und versuchen damit ihre Beobachtungen zu erklären. Manche Metaphern, Bilder oder Erklärungsmodelle mögen besser, die anderen schlechter sein, was bedeutet: Die einen erklären bestimmte Tatbestände umfassender als andere. Das schließt aber keineswegs aus, daß ein weniger umfassendes, „schlechteres" Erklärungsmodell vielleicht nicht für eine bestimmte Aufgabe nützlicher ist als das umfassendere, „bessere" (wie z. B. für die NASA das geozentrische, „falsche" Weltbild geeigneter war, um zum Mond zu fliegen – weil in seinen Berechnungen einfacher und damit billiger, aber noch genau genug –, als das „richtige" Erklärungsmodell, das heliozentrische Weltbild).[1]

Weder Ideologien noch Erklärungsmodelle haben absoluten Gültigkeitsanspruch. Darum lassen sich auch keine tragfähigen moralischen Regeln aus ihnen ableiten. Es erscheint deshalb auch nicht als eine gute Idee, auf alte moralische Regeln, Werte und Nor-

1 Mitteilung von Paul Watzlawick

men zurückzugehen. Denn jede Moral impliziert die Gefahr von Intoleranz und Verachtung. Vielmehr müssen wir in der Zukunft den Verzicht auf alle moralischen Regeln wagen! Allerdings kann dies nicht jedweden Verzicht auf Orientierung bedeuten. Vielmehr müssen wir den Schritt von der moralischen Orientierung auf die Ebene der Ethik wagen, d. h.: auf die Metaebene der Regeln und Normen. Dies sei im folgenden näher erläutert.

Bei Moral handelt es sich um Regeln, um moralische Vorschriften und Anweisungen, die „gut" und „böse" trennen, „richtig" und „falsch" kennzeichnen. Moral basiert auf der Annahme einer Wahrheit, die Richtschnur für dieses „Gut" und „Böse", „Richtig" und „Falsch" ist. Es handelt sich also um eine von außen an den einzelnen herangetragene Forderung. Ethik kennzeichnet demgegenüber grundsätzliche innere Einstellungen und Haltungen, aus denen heraus das Handeln geleitet wird. Hier steht also die Innensteuerung im Vordergrund.

Heinz von Foerster ordnet Moral der „Kybernetik erster Ordnung" zu (vgl. von Foerster 1993b, S. 60 ff.): Sie setzt einen Beobachter voraus, der als Außenstehender auf etwas Objektives schaut, die Welt betrachtet und aufgrund seiner Unabhängigkeit den anderen sagt, wie sie zu denken und zu handeln haben. Dieser Beobachter sagt: „Du solltst!" oder: „Du sollst nicht!" Dies ist der Ursprung moralischer Prinzipien.

Ethik entspricht demgegenüber der „Kybernetik zweiter Ordnung": Der Beobachter wird als Teil des Beobachteten gesehen und betrachtet sich selbst als beteiligten Akteur, der selbst eine (sowohl bestimmende als auch fremdbestimmte) Rolle im Feld seiner zwischenmenschlichen Beziehungen spielt. Er kann nur für sich alleine festlegen, wie er zu denken und zu handeln hat. Er sagt folglich: „Ich soll!" oder: „Ich soll nicht!", besser noch: „Ich will!" oder: „Ich will nicht!" Dies ist der Ursprung der Ethik.

Konkret setzt danach eine ethische Orientierung die Bereitschaft voraus, auf (moralische) Regeln, Werte und Forderungen zu verzichten, die ein „Richtig" oder „Falsch" kennzeichnen. Das bedeutet zunächst, bereit zu sein, sehr viel Unsicherheit auf sich zu nehmen und auf die Annahme objektiver Erkenntnisse, die handlungsleitend sein könnten, zu verzichten.

2.2 ETHISCHE ORIENTIERUNG

Nun scheint aber auch ethisches Handeln nicht denkbar ohne jegliche Orientierung und Fundierung. Diese ist zu finden in einer Wahrnehmung der Grundbedingungen unserer Existenz, in der Realisierung der Tatsache, daß es eine reine Abstraktion ist, den Menschen als Individuum zu denken.

Hierfür gibt es eine Fülle von Belegen: Der offensichtlichste liegt in der harten Wirklichkeit der biologischen Struktur des Menschen, in der Tatsache, daß das Überleben des Säuglings davon abhängt, ob ihn jemand versorgt, der versteht, was er braucht.

Zudem kann das Ich erst im Unterschied zu einem Du entstehen. Ich und Du erwachsen erst in der sozialen Begegnung und sind existenziell aufeinander angewiesen, sind erst im Wir existenzfähig. Ohne soziale Interaktionen können wir keine Vorstellung von uns selbst als einmaligem Individuum erwerben. Dies Phänomen ist auch bei Affen beobachtet worden: Schimpansen, die in Isolation ohne soziale Kontakte aufgezogen wurden, entwickelten keine Vorstellung von sich selbst als unabhängige Individuen und erkannten sich selbst im Spiegel nicht, was die Affen, die in der Gruppe aufwuchsen, wenige Tage, nachdem Spiegel aufgestellt waren, begriffen, so daß sie vor dem Spiegel Körperpflege betrieben und sich darin beobachteten. Auch die Qualität unseres Selbstbildes wird weitgehend davon bestimmt, wie andere uns sehen (vgl. Forges 1995, S. 167 ff.).

Die Entwicklung differenzierter sozialer Fähigkeiten scheint überhaupt der entscheidende Schritt in der Evolution des Menschen gewesen zu sein. So sind die Wissenschaftler, die sich der Evolutionären Psychologie verschrieben haben,[2] der Überzeugung, daß nicht der aufrechte Gang oder die Erfindung von Werkzeugen zum schnellen Anwachsen der Gehirnkapazität, insbesondere des Neocortex, und damit zur Entwicklung des Homo sapiens erectus geführt haben. Vielmehr sei dieser Entwicklungssprung schon zehntausende von Jahren zuvor durch die langandauernde Eiszeit erzwungen worden. Ständig größer werdende Nahrungsprobleme hätten Kooperation zur Existenzfrage gemacht und Rücksichtnahmen, Absprachen, Kompromisse, Austausch und Gegenleistungen gefordert.

2 vgl. H. Ernst in „Psychologie heute", 23. Jg., Heft 12, Dez. 1996

Vor allem habe sich die soziale Einfühlungsfähigkeit entwickelt, die es ermöglicht, die Absichten anderer zu erkennen, aber auch vorherzusagen, wie die eigenen Handlungen und Absichten von anderen interpretiert werden. Dies sei das wichtigste Erbe des Menschen und mache sein eigentliches Wesen aus. Genau auf diesen Sachverhalt verwiest auch Roth (1997, S. 50 f.), der aus Sicht der Hirnforschung Bedeutungserzeugung für die zweifellos wichtigste Leistung unseres Gehirns hält:

> „Gehirne haben ja primär nicht die Aufgabe, philosophische Probleme zu lösen, sondern Verhalten zu erzeugen, mit dem ein Organismus überleben kann. Beim Menschen heißt das insbesondere: in der Gesellschaft überleben. Dort muß ich erahnen, was hinter meinem Rücken vor sich geht, was der Gesichtsausdruck meines Nachbarn bedeutet, und ich muß das Timbre in der Stimme meines Konkurrenten deuten. Das gehört zum Allerwichtigsten für uns und ist sehr kompliziert."[3]

Und schließlich noch eines: Menschsein ist an Sprache und sprachliches Denken gebunden. Sprache aber setzt die Existenz eines anderen voraus, mit dem der Sprechende in einer gemeinsamen sprachlichen Welt koexistiert und mit dem er eine gemeinsame Kultur – eben die Sprache, Normen und Sitten – sprachlich kommunizierend pflegt, tradiert und weiterentwickelt. Menschsein entwickelt und erfüllt sich im Dialog mit dem anderen. Insofern – so sagt Heinz von Foerster[4] – hätte Descartes ausrufen müssen, als er in seinem Studierzimmer saß und nicht nur bezweifelte, dort zu sitzen, sondern seine ganze Existenz in Zweifel zog: „Cogito ergo sumus!" („Ich denke, also sind wir!") statt: „Cogito ergo sum!" („Ich denke, also bin ich!"). Daraus folgt: Wenn der andere elementare Voraussetzungen für meine Existenz ist, dann muß ich den anderen ebenso respektieren wie mich selbst.

3 Unter dem Aspekt Kooperation vgl. auch Axelrod (1984). Im Prinzip dürften unsere Vorfahren damals die gleiche Erfahrung gemacht haben wie der Wissenschaftler Robert Axelrod 1984 in vielen Computersimulationen: Das Prinzip „eine Hand wäscht die andere" bzw. die Idee „Man muß als erster darauf verzichten, kurzfristig besser abschneiden zu wollen als der Partner" sind – und die Eindeutigkeit der Ergebnisse überrascht – langfristig immer die erfolgreichsten Strategien.

4 vgl. von Foerster (1993b), S. 82; (1993a), S. 355

Maturana und Varela formulieren diesen Sachverhalt:

„Alles menschliche Tun findet in der Sprache statt. Jede Handlung in der Sprache bringt eine Welt hervor, die mit anderen im Vollzug der Koexistenz erschaffen wird und das hervorbringt, was das Menschliche ist. So hat alles menschliche Tun eine ethische Bedeutung, denn es ist ein Tun, das dazu beiträgt, die menschliche Welt zu erzeugen. Diese Verknüpfung der Menschen miteinander ist letztlich die Grundlage aller Ethik als eine Reflexion über die Berechtigung der Anwesenheit des anderen." (Maturana u. Varela 1987, S. 265)

Interessanterweise entspricht dies der Metaaussage nahezu aller großen Religionen – eine Metaaussage, die allerdings deshalb nicht tragfähig und wirksam wurde, weil praktisch in allen Religionen an ihre Stelle moralische Werte und Maßstäbe gesetzt wurden, und zwar aus guten Gründen, weil nämlich damit Machtpositionen aufgebaut werden konnten.

Diese Metaregel findet sich z. B. bei Konfuzius (ca. 551 bis 489 v. Chr.) als: „Was du selbst nicht wünschst, das tue auch nicht anderen Menschen an" (Gespräche 15, 23). Rabbi Hillel (60 v. Chr. bis 10 n. Chr.) formuliert: „Tue nicht anderen, was Du nicht willst, daß sie dir tun" (Sabbat 31 a) und Jesus von Nazareth in der Bergpredigt: „Alles was ihr wollt, daß euch die Menschen tun, das tut auch ihr ihnen ebenso" (Mt. 7, 12; Lk. 6, 31). Für den Islam sei zitiert: „Keiner von euch ist ein Gläubiger, solange er nicht seinem Bruder wünscht, was er sich selber wünscht" (40 Hadithe von an-Nawawi 13). Auch in den fernöstlichen Religionen finden sich entsprechende Aussagen, so im Janinismus: „Gleichgültig gegenüber weltlichen Dingen sollte der Mensch wandeln und alle Geschöpfe in der Welt behandeln, wie er selbst behandelt sein möchte" (Sutra Uritanga I. 11.33), im Buddhismus: „Ein Zustand, der nicht angenehm oder erfreulich für mich ist, soll es auch nicht für ihn sein; und ein Zustand der nicht angenehm oder erfreulich für mich ist, wie kann ich ihn einem anderen zumuten?" (Samyutta Nikaya V, 353.35 – 354.2) sowie im Hinduismus: „Man sollte sich gegenüber anderen nicht in einer Weise benehmen, die für einen selbst unangenehm ist; das ist das Wesen der Moral" (Mahabharata XIII. 114.8).[5]

---

5 nach Küng u. Kuschel (1993), S. 82

Vielleicht ist es kein Zufall, daß diese Metaregel erst kürzlich – nämlich im September 1993 in Chicago – von einem „Parlament der Weltreligionen" als eine „Erklärung zum Weltethos" formuliert worden ist. Als Grundkonsens bezüglich bestehender verbindender Werte, unverrückbarer Maßstäbe und persönlicher Grundhaltungen wurde dort eine von Hans Küng in jahrelanger Arbeit vorformulierte und zuvor international abgestimmte Erklärung verabschiedet, in der es u. a. als zentrale Aussage heißt:

> „Es gibt ein Prinzip, die Goldene Regel, das seit Jahrtausenden in vielen religiösen und ethischen Traditionen der Menschheit zu finden ist und sich bewährt hat: Was Du nicht willst, das man dir tut, das füg' auch keinem anderen zu. Oder positiv: Was Du willst, daß man Dir tut, das tue auch den anderen. Dies sollte die unverrückbare, unbedingte Norm für alle Lebensbereiche sein, für Familie und Gemeinschaften, für Rassen, Nationen und Religionen. Egoismen jeder Art – jede Selbstsucht, sie sei individuell oder kollektiv, sie trete auf in Form von Klassendenken, Rassismus, Nationalismus und Sexismus – sind verwerflich. Wir verurteilen sie, weil sie den Menschen daran hindern, wahrhaft Mensch zu sein. Selbstbestimmung und Selbstverwirklichung sind durchaus legitim – solange sie nicht von der Selbstverantwortung und Weltverantwortung des Menschen, von der Verantwortung für die Mitmenschen und den Planeten Erde losgelöst sind." (Küng u. Kuschel 1993, S. 27 f.)

Nach den obigen Überlegungen umformuliert, müßte dies dann heißen: Was ich nicht will, daß man mir tut, das füge ich auch keinem anderen zu! Oder positiv: Was ich will, daß man mir tut, das tue ich auch den anderen.

Die Einfachheit dieser Metaregel mag zunächst überraschen und erschrecken. Dies dürfte sich ändern, wenn man sich klarmacht, daß sie nicht als moralische Forderung formuliert ist, sondern als ethischer Grundsatz, d. h. als Grundsatz, der basale Einstellungen und Haltungen charakterisiert, aus denen heraus wir handeln.

Schon eine oberflächliche Betrachtung zeigt, welche Konsequenzen es für mich hat, wenn ich auf moralische Regeln verzichte und eine so einfache ethische Metaregel zur Grundlage meines Handelns mache. Letztlich ist diese ethische Regel eine wesentlich rigorosere Verhaltensrichtlinie als alle moralischen Regeln, die „gut" und

„böse" kennzeichnen. Das Leben wird wahrhaft nicht einfacher, wenn ich darauf verzichte, mich auf eine „Wahrheit" zu berufen und mein Verhalten an von außen gesetzten moralischen Richtlinien über richtig oder falsch zu orientieren. Es gibt dann nur noch die persönlich verantwortete Handlung im Wissen um die Fragwürdigkeit und Begrenztheit meiner Entscheidungskriterien. In diesem Sinne schreibt Schumpeter: „Die Einsicht, daß die Geltung der eigenen Überzeugungen nur relativ ist, und dennoch unerschrocken für sie einzustehen, unterscheidet den zivilisierten Menschen vom Barbaren."[6]

Das bedeutet gleichzeitig, daß ich notwendigerweise bereit sein muß, immer wieder meine Prämissen, meine Setzungen als Voraussetzung meines Handelns in Frage zu stellen (Krüll 1987). Insofern ist eine derartig konzipierte, hier systemisch abgeleitete Ethik vielleicht anstrengend, sie erscheint möglicherweise überfordernd. Andererseits ist sie in einer Zeit nach dem Holocaust mit den unbegreiflichen Handlungen „braver" Familienväter und -mütter offensichtlich die einzig mögliche im Hinblick auf die Idee eines friedlichen Zusammenlebens in unserer Welt. Eine Alternative zu einer radikal konsequenten, individuellen Verantwortung für alles, was wir tun, anstelle von rein moralischer Orientierung nach „richtig" und „falsch", „gut" und „böse", scheint nicht in Sicht.

Es geht also um die Entscheidung zu einer konsequenten ethischen Orientierung moralischen Urteilens, eine Entscheidung, die überfällig ist und nicht länger hinausgezögert werden darf.

2.3 Philosophische Leitlinien für moralische Entscheidungen

Die hier systemisch abgeleitete Metaregel ist – wie schon dargestellt – keineswegs neu und findet sich als Prinzip im Sinne einer universellen, ethischen Leitlinie für moralische Entscheidungen auch vielerorts in der Philosophie. Am bekanntesten ist Kants Kategorischer Imperativ in der Formulierung: „Handle so, daß die Maxime deines Willens jederzeit zugleich als Prinzip einer allgemeinen Gesetzgebung gelten könne."[7] In einer anderen Formulierung des Kategorischen Imperativs führt Kant die Maxime der Achtung vor den Men-

6 Schumpeter, zitiert von Rorty, R. (1989), nach Willke (1984), S. 230
7 Kant: Kritik der praktischen Vernunft V, 30, nach Pfeiffer (1942), S. 84

schen aus, die aus ihrer wechselseitigen Bedingtheit als vernünftige Wesen folgert: „Handle so, daß Du die Menschheit sowohl in deiner Person als in der Person eines jeden anderen jederzeit zugleich als Zweck, niemals bloß als Mittel brauchest."[8] Auf solche Weise sei eine Welt von vernünftiger Wesen (mundus intelligibilis) als ein Reich der Zwecke möglich, und zwar durch die eigene Gesetzgebung aller Personen als Glieder. Jeder von ihnen handele dann so, als ob sein Prinzip des Wollens zugleich zum allgemeinen Gesetz aller vernünftigen Wesen dienen sollte.

Kohlberg kennzeichnet in seiner Stufenentwicklung des moralischen Urteilens die höchste (ethische) Ebene als postkonventionell oder prinzipiengeleitet. Die postkonventionelle Moral ist keine Moral der konkreten Werte mehr, da es auch im Bereich der Moral – wie Kohlberg erkennt – nicht immer nur die eine Wahrheit gibt. Entscheidungen über das moralisch Richtige können dementsprechend nur mit Rückgriff auf ethische Prinzipien getroffen werden, die die Ableitung, Rechtfertigung und Überprüfung konkreter Normen und Regeln erlauben. Voraussetzung für das höchste Niveau moralischen Urteilens ist also auch nach Kohlberg die Anerkennung universaler Prinzipien und ein Gefühl persönlicher Verpflichtung ihnen gegenüber. Spezielle Gesetze oder gesellschaftliche Übereinkünfte sind dann im allgemeinen deshalb gültig, weil sie auf diesen ethischen Prinzipien beruhen. Wenn Gesetze jedoch gegen diese Prinzipien verstoßen, dann sollte man in Übereinstimmung mit dem ethischen Prinzip und gegen das Gesetz handeln. Die erwähnten Prinzipien leiten sich aus dem universalen Prinzip der Gerechtigkeit ab und lauten: Gleichheit, Reziprozität und Respekt vor der Würde des Menschen (vgl. Oser u. Althof 1994).

Offensichtlich stoßen die meisten moralischen Philosophen immer wieder auf dieses ethische Kernprinzip. Ihm liegt – wie schon gesagt – eine auf den ersten Blick vielleicht erschreckend einfache Idee zugrunde, deren moralische Kraft allerdings dann deutlich wird, wenn man sein Handeln an ihr ausrichtet. „Die Grundidee ist, vereinfacht ausgedrückt: Jede Art von moralischer Lösung eines Problems setzt die Bereitschaft der Beteiligten voraus, nicht nur an den eigenen Vorteil zu denken, sondern zu überlegen, ob sie das

---

8 Kant: Grundlegung zur Metaphysik der Sitten IV, 429, nach Pfeiffer (1942) S. 97

gewählte Lösungsprinzip auch dann akzeptieren würden, wenn sie ‚auf der anderen Seite der Barrikade' stünden" (Oser u. Althof 1994, S. 132).

Dieses Prinzip wird in der Moralphilosophie auch als Verallgemeinerungs- oder Universalisierungsgrundsatz bezeichnet, der dazu auffordert zu überprüfen, ob moralische Entscheidungen frei sind von Voreingenommenheit und Parteilichkeit und ob sie von allen Betroffenen akzeptiert werden könnten. Jürgen Habermas hat dies folgendermaßen formuliert: „Jede gültige Norm muß der Bedingung genügen, daß die Folgen und Nebenwirkungen, die sich aus ihrer *allgemeinen* Befolgung für die Befriedigung der Interessen *jedes* einzelnen ergeben, von *allen* Betroffenen zwanglos akzeptiert werden können" (Habermas 1983, S. 131). Darauf aufbauend entwickelte Habermas zusammen mit Karl-Otto Apel die sog. „Diskursethik". In ihr geht es um den Nachweis, daß der Ausgang einer Argumentation keine Vorteile für Personen einer bestimmten Schicht, einer Rasse, einer Religionszugehörigkeit, eines Geschlechts o.a. zuläßt. Die Diskursethik verlangt, sich in die Rolle des anderen zu versetzen und dessen Ansprüche genauso zu behandeln wie die eigenen. Ein Hilfsmittel in diesem Verfahren kann in der Annahme bestehen, daß man nicht weiß, welche Position einem nach dem Verteilungsprozeß zufällt.

2.4 Ethische Orientierung in der Erziehung

Kohlbergs Entwicklung des moralischen Urteilens macht deutlich, daß es ein langer Weg des Lernens bis hin zum höchsten Niveau prinzipiengeleiteten, also ethisch orientierten, moralischen Urteilens ist. Die empirische Forschung hat gezeigt, daß Kinder mehrere Schritte der Entwicklung moralischen Urteilens machen müssen, bis sie als Jugendliche bzw. junge Erwachsene – wenn überhaupt – das höchste, ethische Niveau erreichen. Sie hat aber auch deutlich gemacht, daß selbst unter den Erwachsenen nur einer Minderheit dieses Denken gelingt. Allerdings, so Lickona (nach Oser u. Althof 1994, S. 61): „Wieviele es sein könnten, wenn Elternhäuser und Schulen systematische Anstrengungen zur Förderung des moralischen Denkens unternehmen würden, und zwar vom frühesten Kindesalter an, das vermag niemand zu sagen. Die wirkliche Probe aufs Exempel steht noch aus."

Ethische Orientierung in der Erziehung bedeutet nun zunächst, daß die ErzieherIn selbst ihr Handeln nach ethischen Prinzipien ausrichtet, d. h., daß sie selbst einen Maßstab hat, anhand dessen sie ihre Forderungen und Erwartungen an das Kind und – wichtiger noch – anhand dessen sie ihr eigenes Handeln orientiert.

Selbstverständlich benötigt das Kind im Vorschulalter noch relativ einfache Regeln, nach denen es sein Handeln ausrichtet. In diesem Alter orientieren sich Kinder am Urteil der Erwachsenen, an seinen Geboten und seinen Verboten, an seinem Urteil über „gut" und „böse". Sie müssen beispielsweise noch lernen, daß die Interessen anderer von den ihren verschieden sind, und sie beurteilen Handlungen rein nach dem äußeren Erscheinungsbild und nicht nach den dahinterstehenden Intentionen.

Moralisches Wissen erwerben Kinder nach heutigem Forschungsstand (vgl. Nunner-Winkler 1996, S. 147 ff.) als aktive Interpreten der von ihnen in der natürlichen wie in der sozialen Umwelt beobachteten Abläufe. Sie erschließen Regelstrukturen aus den „Sprachspielen", in denen – nach Wittgenstein – die kulturelle Praxis einer Gruppe ihren Niederschlag findet. Auf diese Weise lernen sie zum Beispiel, daß Mord moralisch verwerflicher ist als Töten aus Notwehr. Darüber hinaus lesen sie normative Werte an den Interaktionsmustern ihrer Bezugspersonen ab und lernen dabei, zwischen sozialen Regeln, die verhandelbar sind, und universellen ethischen Normen, die grundsätzlich gelten, zu unterscheiden. Sagt beispielsweise A zu B am Steuer des Pkw: „Achtung, Geschwindigkeitsbegrenzung auf 30 km/h!", so mag das Kind daraus lernen: Solche Regeln sind unbedingt zu befolgen. Setzt A jedoch hinzu: „In letzter Zeit kontrolliert die Polizei hier häufig!", so wird das Kind den Schluß ziehen, daß solche Gebote nur einzuhalten sind, wenn Bestrafung droht.

Erst im Schulalter ist die Erwachsenenwelt dann nicht mehr alleinige Quelle der moralischen Orientierung der Kinder. Sie entwickeln jetzt ein Gefühl für Fairneß. Vor allem aber beginnen sie jetzt zu verstehen, daß moralische Regeln etwas mit Gegenseitigkeit, mit Wechselbeziehungen zu tun haben. Sie entwickeln jetzt erste Ansätze einer ethischen Orientierung.

Grundsätzlich wird es darauf ankommen, Kinder so früh wie möglich in prinzipiengeleitetes, d. h. ethisch orientiertes, moralisches Urteilen einzuführen. Die Gefahr der Überforderung ist dabei gering, solange die ErzieherIn bereit ist, beim jungen Kind stellvertretend zu urteilen. Ist es für die Erläuterung zu jung, wird diese vom Kind nicht als relevant wahrgenommen (siehe Teil II, Punkt 2.) und insofern ohne unmittelbare Veränderungsfolge sein. Das Kind wird aber sehr früh spüren, daß den Urteilen des Erwachsenen offensichtlich nicht Willkürentscheidungen, sondern substantielle Überlegungen zugrunde liegen.

2.5 Diskurspädagogik

Oser (vgl. Oser u. Althof 1994) schlägt für die ethische Erziehung eine Diskurspädagogik vor, deren zentrale Idee das Lernen durch Tun ist. Seiner Meinung nach muß eine entwicklungsorientierte Erziehung alle willkürlichen Grenzen überwinden, die der Teilnahme des Kindes an den Bedingungen seines eigenen Lernprozesses und seiner Fähigkeit, echte Verantwortung zu übernehmen, gesetzt werden. Die ErzieherIn, die sich am Diskursprinzip orientiert, unterstellt gleichsam die Autonomie möglicher Verantwortungsübernahme in verschiedenen Situationen und zugleich damit die Autonomie kindlicher praktischer Vernunft. Dies soll in jedem Alter gelten. Die Erzieherin tut so, *als ob* schon volle Teilnahme möglich wäre. Sie tut so, *als ob* das Kind sich wirklich schon an einer gerechten, für alle geltenden Lösung voll beteiligen könne, das heißt: Sie tut so, *als ob* das Kind schon in der Lage wäre, prinzipiengeleitet zu urteilen.

Dieses „So-tun-als-Ob" ist sozusagen die ethische Vorannahme. Die ErzieherIn handelt, als wenn das Ziel ihres Handelns, also die Fähigkeit des Kindes, prinzipiengeleitet zu urteilen, schon erreicht sei. Sie nimmt an, daß das Kind verantwortlich und gerecht nach einer Lösung sucht, die auch für den anderen richtig ist. Sie unterstellt, daß es als autonome Person mitreden kann (und soll) und daß eine Entscheidung, wie hart sie auch sein mag, von ihm eingesehen werden kann. Erziehung als Diskurs schließt Indoktrination aus. Diskurs im hier verstandenen Sinne hat nichts mit bloßer De-

battiererei zu tun, sondern soll zu praktischer Verantwortungsübernahme und gemeinsam geteilten Entscheidungen führen.

Kohlberg hat, um solche Ideen zu verwirklichen, die sog. „just
communities" gegründet, eine besondere Art der Schule mit einer
demokratischen Verfassung. Oser fordert, die Diskurshaltung, die
für eine Erziehung in der „gerechten Gemeinschaft" eine unabding-
bare Voraussetzung sei, auch an unseren Regelschulen als Leitkrite-
rium für die pädagogische Praxis einzuführen. Ihm erschiene es
wichtig, ein in der Alltagspraxis verwendbares Maß für eingehalte-
nen Diskurs zu entwickeln, ein Maß, das die Selbständigkeit des
Lernenden im ethischen Sinne über die Dimensionen Wahrhaftig-
keit und Universalisierung erschließt.

3. Verantwortungsethik als Erziehungsziel

Der Mensch verfügt nicht über angeborene, instinktive Verhaltensregeln, auch beispielsweise nicht über die instinktive Hemmung, seinesgleichen zu töten, so daß er als Waffenbesitzer eine Hemmung des Tötens von Mitmenschen erlernen muß. Die unterschiedlichen menschlichen Gruppierungen haben deshalb unterschiedliche Regeln für ihr soziales Miteinander entwickelt, die dazu dienen, das Miteinander-Umgehen zu erleichtern, sei es in den verschiedenen Kulturen, in religiösen Gemeinschaften, in der Politik, im Verkehr, in der Familie oder andernorts. Diese Unterschiedlichkeit von Regeln und Normen ist eher bereichernd als problematisch. Zwischen ihnen braucht keine Einigkeit hergestellt zu werden. Übereinstimmung brauchen wir jedoch über wenige ethische Prinzipien, nach denen wir im selben planetarischen Lebensraum zusammenleben wollen.

Marion Gräfin Dönhoff verweist darauf, daß sich eine solche Verantwortungsethik weder von selbst einstellt, noch sich durch Anordnung von oben erzwingen läßt.[1] Wir müßten uns zunächst – so schreibt sie – darüber klar sein, daß Verantwortungsethik durch den Erziehungsprozeß im Elternhaus, in der Schule und in der Gemeinschaft erworben werde. Verantwortungsethik sei heute noch viel notwendiger als früher. „Früher mögen" – so zitiert sie den Philosophen Hans Jonas – „die Zehn Gebote als Orientierungshilfe ausgereicht haben, aber im Zeitalter des Globalismus und in Anbetracht des Zerstörungspotentials, über das der Mensch verfügt, sowie angesichts des technischen Fortschritts, der es möglich macht, Gene zu verändern, vielleicht einen neuen Menschen zu kreieren, müssen wir eine Ethik entwickeln, die uns bewußt werden läßt, wie groß unsere Verantwortung ist."

1 Marion Gräfin Dönhoff in DIE ZEIT, Nr. 28 v. 5.7.1996

Aus systemtheoretischen Überlegungen leiten sich zwei Grundgedanken ab, die von hoher Relevanz für eine ethische Orientierung sind:

1. Der Mensch ist Teil der Welt und nicht von ihr trennbar.Die Betrachtung der Welt – der Erde, der Pflanzen, der Tiere in ihrem zirkulären Zusammenspiel – als ein von dem außerhalb stehenden Menschen zu manipulierendes Objekt ist aus systemtheoretischer Sicht ein Irrtum mit fatalen Folgen.

2. Der Mensch als sprachliches Wesen ist auf andere, ihm Ähnliche angewiesen. Sein Ich verwirklicht sich nur im Miteinander mit einem unabhängigen Du, also im Wir.

Die Idee des Menschen, daß er Krone der Schöpfung sei, ist ebenso überheblich und gefährlich wie die Vorstellung des ersten Buch Moses (1.26 und 28), der Mensch müsse sich die Erde untertan machen und über die Welt der Tiere herrschen. Über viele Jahrtausende haben diese Ideen verhindert, die biologische Nähe des Menschen zum Tier zu erkennen, so daß der kleine Schritt in der Evolution zum Menschen überdimensionale Größe annahm. Die gottgleiche, außenstehende Position, die der Mensch sich gegenüber der Welt zuschrieb, hat zu den heute bekannten ökologischen Folgen geführt, an deren Auswirkungen die kommenden Generationen schwer zu tragen haben werden. Jeder Versuch der Dominanz, des Herrschens führt zur Mißachtung des anderen, sei es der Erde, sei es des anderen Lebewesens, von den Pflanzen über die Tiere bis hin zum Mitmenschen. Aus eigenem Interesse aber wird Rücksichtnahme unverzichtbar. Postman (1995) benutzt dazu das Bild des Raumschiffes, auf dem jeder auf jeden angewiesen ist und darauf, daß er seinen Lebensraum pflegt und erhält.

Als Menschen sind wir auf unsere Mitmenschen angewiesen. Ohne daß wir den anderen annehmen und neben uns leben lassen, gibt es kein soziales Miteinander, keine menschliche Entwicklung, kein Mensch-Sein. Dies ist die Grundlage einer Ethik, die Kinder in der Entwicklung lernen müssen.

Eine solche Forderung mag unrealistisch klingen in einer Zeit, in der Individualisierung und Selbstverwirklichung teils auf die

147

Spitze getrieben werden und Selbstdurchsetzung als hoher Wert gilt. Und doch dürfte sich kaum ein anderer Ausweg zeigen, als bei aller Wahrung der Individualität Gemeinschaftsgefühl und Sinn für die Verantwortung gegenüber anderen zu entwickeln und zu fördern. Wir können beispielsweise nicht die Tatsache übersehen, daß unsere Gesellschaft heute noch „davon lebt", daß ein großer Teil der Bürgerinnen kostenlose Arbeit tut, d. h. aus Gemeinsinn handelt. Diese Tätigkeiten angemessen zu finanzieren, würde sofort zum Zusammenbruch der Staatsfinanzen führen.

Wir werden deshalb eine neue Balance zwischen den Rechten und den Pflichten des Individuums finden müssen, ähnlich wie es Amitai Etzioni mit seinem Modell des „Kommunitarismus" anstrebt (vgl. Etzioni 1994). Seiner Meinung nach braucht Europa eine Gesellschaft,

> „in der die Menschen dieselben Grundwerte teilen und soweit verinnerlichen, daß die überwiegende Mehrheit von ihnen zumindest meistens so handelt, wie es ein funktionierendes Gemeinwesen fordert. Es gilt, wieder Nachbarschaftsgeist zu zeigen. Ist diese Pflichtübung gemeistert, können sich die Menschen der Kür des Zusammenlebens zuwenden – nicht aus Zwang, sondern aus innerer Überzeugung. Wir alle brauchen eine Gesellschaft, in der Menschen endlich mehr füreinander tun und zur Erfüllung ihrer sozialen Bedürfnisse weniger auf den Staat oder den Markt angewiesen sind."[2]

Zur Illustration seiner Ideen verweist er auf ein Lösungsmodell, daß die Stadt Seattle wählte, nachdem dem Oberbürgermeister die neuen Ergebnisse der medizinischen Forschung präsentiert worden waren, denen zufolge jedes Opfer eines Herzinfarktes innerhalb von vier Minuten Hilfe erreichen muß, wenn keine unheilbaren Hirnschäden zurückbleiben sollen. Die naheliegende Lösung, stets einsatzbereite Rettungswagen über die ganze Stadt zu verteilen, hätte jährlich mehrere Millionen Dollar gekostet. Die Stadt Seattle ging einen anderen Weg: Seit 1985 vermittelten private Bürgerinitiativen 400 000 Einwohnern – etwa der Hälfte der Bevölkerung der Stadt – die notwendigen Rettungsmaßnahmen bei einem Herzinfarkt, mit der Folge: Wer heute in Seattle mit einem Herzinfarkt zusammen-

---

2 A. Etzioni in „Psychologie heute", 21. Jg., Heft 8, Aug. 1994

bricht, wird in der Regel innerhalb einer halben Minute Hilfe finden, und zwar ohne Kosten für die Stadtkasse. Darüber hinaus habe sich aber vor allem gezeigt, daß die Bereitschaft zur gegenseitigen Hilfe das Zusammengehörigkeitsgefühl in gehörigem Maße gefördert habe. Die Menschen in Seattle hätten heute von sich selbst und anderen eine höhere Meinung als andere Amerikaner. Sie fühlten sich weniger isoliert – und zwar nicht zuletzt deshalb, weil sie in Trainings- und Auffrischungskursen häufig zusammenkämen. Ihr so gestärktes Gemeinschaftsgefühl strahle in eine Vielzahl von Lebensbereichen aus. So dürfe sich Seattle auch zu den amerikanischen Städten mit der höchsten Teilnehmerquote beim freiwilligen Abfallrecycling zählen.

Verantwortungsethik zeigt sich im Selbst-Handeln, wenn es darauf ankommt, im Gegensatz zu dem heute so beliebten Verweisen auf die angeblich dafür Zuständigen, beispielsweise die Polizei oder das Jugendamt, die Schule oder die Politik. Übernahme von Verantwortung darf sich aber nicht nur in einzelheitlichen Handlungen niederschlagen. Denn grundsätzlich ist die Tendenz zu berücksichtigen, daß sich isolierte und lokale, nicht übergreifend abgestimmte Maßnahmen – auch wenn sie noch so gut gemeint waren – in ihrer Wirksamkeit gegenseitig aufheben. Erfolgversprechender ist es, das Handeln mit dem Tun anderer zu koordinieren, um im jeweiligen Einzelfall gemeinsam die übergeordneten Systembedingungen beeinflussen und Rahmenbedingungen für eine positive Entwicklung eines Systems – sei es nun ein Kind oder ein Erwachsener, eine Institution oder die Erde als Ganzes – herstellen zu können. Bei dem Kind kann es beispielsweise die Sorge um ein Halt und Unterstützung gebendes Zuhause sein, bei der Institution das Bemühen um günstige Arbeitsbedingungen für die MitarbeiterInnen und global gesehen der Einsatz für ein Nicht-weiter-Anwachsen der Weltbevölkerung.

4. Anregung zur Vielfalt der Ansichten, Meinungen und Lebensformen

Traditionell dominierte in den vergangenen Jahrhunderten die Idee von Objektivität bzw. die Idee einer Realität, die man nur in *einer* Weise richtig erkennen und „wahr"-nehmen könne. Diese Idee ging von der Unterstellung aus, daß der Erkennende beim Erkenntnisvorgang keine Rolle spielt, und setzte sozusagen geklonte, absolut identische Menschen voraus, bei denen in prinzipiell übereinstimmender Art und Weise Außenreize bestimmte interne Reaktionen auslösen. Jede Vielfalt von Wirklichkeit galt als Durchgangsstadium auf dem Weg zur „richtigen" Erkenntnis. Für die Ethik hieß dies: Erkenne die Wahrheit und handele ihr entsprechend.

Aus systemtheoretischer Sicht übersieht diese Idee die Tatsache, daß die Erkennenden jeweils unterschiedliche Menschen sind und dementsprechend unterschiedliche Wirklichkeiten erzeugen. Das heißt: Grundsätzlich ist von einer Vielfalt der Wirklichkeiten auszugehen. Sie werden im Diskurs der Erkennenden untereinander abgestimmt und angeglichen, damit Kommunikation und Miteinander-Leben überhaupt möglich ist. Es ist dadurch eine gemeinsame Wirklichkeitskonstruktion entstanden, die wir alle in weitem Umfang teilen, die aber weder zu einer völligen Übereinstimmung führt, noch die „wirkliche Wirklichkeit" abbildet. Kinder werden in einem langen Prozeß in diese gemeinsame Konstruktion von Wirklichkeit eingeführt, indem man ihre anfangs nahezu unbegrenzt vielfältige Sicht der Dinge einengt durch immer wiederholte Hinweise darauf, was „richtig" und was „falsch", was „Phantasie" und was „Wirklichkeit" ist. Aber trotz der Notwendigkeit grundlegender Übereinstimmungen bleibt doch unübersehbar, daß Menschen im Verlauf ihres Lebens – auf der Basis der in der menschlichen Evolution entstandenen Denkmöglichkeiten – individuell ausgeformte

Wahrnehmungsstrukturen und damit sehr persönliche Wirklichkeitskonstruktionen entwickeln.

Nicht die eine „richtige" Erkenntnis, sondern Vielfalt ist deshalb aus systemischer Sicht eine Grundbedingung des Lebens. Gerade in der Unterschiedlichkeit aller Menschen und damit in der Vielfältigkeit liegt der Reichtum des Mensch-Seins. Die Grundlage des Mensch-Seins ist die Billigung des Rechts des anderen auf eine eigene Sichtweise – keineswegs unbedingt die Billigung dieser Sichtweise! –, wie ich auch vom anderen das Recht auf meine Sicht zugestanden haben möchte.

Selbstverständlich kann auch eine systemtheoretische Perspektive, wie sie hier vertreten wird, nicht den Anspruch auf „Wahrheit" und „Richtigkeit" erheben. Ein Mensch – wie beispielsweise der Autor – kann davon überzeugt sein – letztlich: daran glauben –, daß diese Sichtweise logisch zwingend ist, viele Sachverhalte erklärt, Sinn macht und vor allem zu nützlichen und wichtigen Konsequenzen führt. Diese Überzeugung basiert aber letztlich auf Entscheidungen unentscheidbarer Fragen. Unentscheidbare Fragen sind – nach Heinz von Foerster – solche, die durch die Regeln des Kontextes oder Rahmens, in dem sie gestellt werden, nicht schon von vornherein definitiv entschieden sind. (So ist die Frage „Ist die Zahl 3 396 714 durch zwei teilbar?" bereits durch den Kontext, in dem sie gestellt wird, nämlich durch das Regelsystem der Mathematik entschieden.) Daraus folgert: „Nur die Fragen, die im Prinzip unentscheidbar sind, können wir entscheiden." (Beispielsweise die Frage: Wie ist das Universum entstanden?) Und: „Wir werden zu Metaphysikern, ob wir es so nennen oder nicht, wenn wir Fragen entscheiden, die prinzipiell unentscheidbar sind." Damit sind wir also verantwortlich für unsere Entscheidungen (von Foerster 1993b, S. 70–73)!

Oft oder auch zumeist erkennen wir nicht, daß wir überhaupt über wichtige, grundlegende Fragen eine Entscheidung getroffen haben, beispielsweise über die Frage, ob wir nun Entdecker oder Erfinder der Wirklichkeit sind, das heißt, ob wir von außen wie durch ein Guckloch auf ein vor uns sich ausbreitendes Universum sehen oder ob wir Teil dieses Universums sind. Dies ist eine prinzipiell unentscheidbare Frage. Und darum kann es auch nie darum gehen: Wer hat Recht, und wer hat Unrecht? Es geht um die Freiheit

der Wahl und um meine Überzeugungen. In dieser freiheitlich ver-
antworteten Entscheidung von Unentscheidbarem als Gemeinsamkeit bin ich verbunden mit dem anders Denkenden und anders Ent-
scheidenden (vgl. Müssen 1995, S. 190 ff.).

Die Unterschiedlichkeit und Vielfalt von Überzeugungen ist
danach kein „Betriebsunfall", sondern erwächst aus den Grund-
gegebenheiten des Menschseins und erscheint deshalb erstrebenswert.

Carl-Friedrich von Weizsäcker (1994, S. 55) formuliert dies in
Bezug auf die Religionen:

> „Die Religionen sind tief verschieden: in den Kulturen, welche sie
> tragen, in den Ritualen und speziellen moralischen Regeln, in den
> Theologien, in welchen sie auch ihre innere Erfahrung interpretie-
> ren. Diese Verschiedenheit sollen wir tolerieren, ja wir sollen sie
> wollen."

Genau dies, Vielfältigkeit zu wollen, muß das Ziel einer Erziehung
heute sein. Es muß in der Erziehung darum gehen, für die Auseinandersetzung mit Widersprüchlichkeiten und Unvereinbarkeiten zu
sensibilisieren und zu lernen, Mehrdeutigkeit nicht nur zu ertragen,
sondern zu begrüßen. Es geht darum zu lernen, daß es niemals nur
ein Entweder-Oder gibt, vielmehr die Sowohl-als-auch-Perspektive
nützlich für das Begreifen unserer Welt ist. Das heißt: Aufgabe der
Erziehung ist es, an die zu Erziehenden Widersprüchlichkeiten und
Vielfältigkeiten bewußt heranzutragen, um das Erleben zu ermöglichen, daß die Vielfalt der Alternativen zu einer Bereicherung des
Lebens führt. Diese Vielfalt ist universell als Vielfalt der Kulturen,
aus denen die Mitmenschen kommen, als Vielfalt in der Art, wie
andere die Welt wahrnehmen, als Vielfalt der Lebensstile und
Lebensmöglichkeiten, als Vielfalt der Persönlichkeiten und Handlungsmöglichkeiten u.a. Eine solche Erziehung setzt sich nicht Ein-
engung und Trivialisierung zum Ziel, sondern folgt der Maxime
Heinz von Foersters: „Handle stets so, daß die Anzahl der Möglichkeiten wächst" (von Foerster 1993a, S. 49).

In diesem Sinne sollte Erziehung auch nicht die Entwicklung
von Persönlichkeiten anstreben, die dem jeweils herrschenden Ide-
al möglichst angepaßt sind, sondern vielmehr die Ausbildung von
Identität und Kompetenz über das Erlernen der Fähigkeit zur Aus-

einandersetzung favorisieren. Nicht möglichst weitgehende Übereinstimmung zwischen den Meinungen, sondern aktive und passive Kritikfähigkeit sowie die Bereitschaft zur Auseinandersetzung dürften die wichtigsten Voraussetzungen sein, die es kommenden Generationen ermöglichen, die Probleme des Zusammenlebens auf dieser Welt zu bewältigen. Für die Erziehung bedeutet dies, sich so weit wie möglich aus normativen Zwängen zu lösen und dort, wo Regeln und festgelegte Ziele unverzichtbar sind, einen flexiblen Umgang mit Regeln zu praktizieren und die Vielfältigkeit der Wege hin zu dem festgelegten Ziel zu fördern. Entsprechend sollten Erziehungsziele so breit angelegt sein, daß unterschiedliche Verwirklichungen möglich sind.

Wie schon oben gesagt, benötigen Kinder im Vorschulalter klare Orientierungen, um die Welt zu strukturieren, und dazu die Hilfe der Erwachsenen, die sie über „richtig" und „falsch" aufklären. Das Kind in diesem Alter braucht noch Stabilität und Kontinuität in seinem Denken, Fühlen und Handeln. Gleichzeitig sollten die Erwachsenen eine bewundernswerte Fähigkeit des Kindes erhalten und fördern, nämlich seine Fähigkeit, Spielsituationen des Als-Ob von der Realität zu trennen und zwischen diesen beiden Ebenen, Phantasie und Realität, schnell zu wechseln (beispielsweise eine Banane für ein Telefon zu halten und im nächsten Augenblick dem Erwachsenen – quasi augenzwinkernd – zu versichern, daß es „natürlich" eine Banane sei). Das Kind ist also in der Lage, Wirklichkeiten zu verändern und aus verschiedenen Perspektiven zu betrachten. Dazu hat die empirische Forschung (Müssen, u.a. nach Wyrva 1996) festgestellt, daß Kinder, die häufiger solche Phantasiespiele spielen, sozial kompetenter und selbstbewußter werden sowie besser fremde Perspektiven übernehmen können als Kinder mit vergleichbarer Intelligenz, die weniger häufig solche Spiele spielen. Offensichtlich verleiht diese Art des Als-ob-Spiels dem Kind Sicherheit und Souveränität dadurch, daß es die Fähigkeit einsetzt und übt, eine eigene Position gegenüber der Alltagsrealität einzunehmen – und das bedeutet, sie zu bestätigen, zu leugnen oder zu verändern.

Generell jedoch muß Erziehung davon abgehen, den Kindern zu sagen, was „richtig" und was „falsch" ist, sondern muß vor allem vermitteln, daß es viele Wahrheiten gibt und viele Erklärungsmodelle für die Welt und ihre Einzelphänomene. Kinder müssen die Begrenztheit aller Erklärungsmodelle erfahren – ein Tatbestand, der für Physiker ein völlig selbstverständliches Phänomen ist, die wissen, daß Erklärungen niemals richtig, sondern nur mehr oder weniger nützlich sind.

Insbesondere die Schule wird umlernen müssen, die heute noch dazu neigt zu lehren, was „richtig" und „falsch", was „wahr" oder „unwahr" ist. Freinet (vgl. Dietrich 1995, S. 18 ff.) erhob deshalb – zweifellos überspitzt, aber das Prinzip verdeutlichend – seine berühmte Forderung „Plus de manuel!" (Weg mit den Schulbüchern!), weil sie den freien, kritischen Blick auf die Wirklichkeit trüben und vorgekautes, portioniertes Häppchen-Wissen im Sinne der Herrschenden verabreichen würden. Auch Postman (1995, S. 149 ff.) schlägt vor, alle Lehrbücher – und er zielt offensichtlich auf den heute üblichen Umgang mit ihnen – abzuschaffen. Denn Lehrbücher würden nur Gewißheiten, keine Ansätze von Zweifeln, kein Empfinden für die Vorläufigkeit, Unzuverlässigkeit oder Ambivalenz des menschlichen Wissens vermitteln. Erkenntnis werde in ihnen als eine Ware dargeboten, die man erwerben könne, nicht als ein fortgesetztes Ringen um Verständnis, um das Überwinden von Irrtümern, um die mühselige Annäherung an passende Erklärungen. Lehrbücher seien auf diese Weise Feinde der Erziehung, Instrumente des Dogmatismus und der Trivialität.

Alternativ regt Postman an, das Lehrbuch als den Versuch einer bestimmten Person anzusehen, etwas zu erklären. Auf diese Weise könne man das Lehrbuch dieser Person als Untersuchungsobjekt betrachten und fragen, was ausgelassen worden sei, wo die Vorurteile steckten, welches die diskussionswürdigen Tatsachen, Meinungen und Schlußfolgerungen seien, auf welche Weise man die behaupteten Tatsachen überprüfen könne. Grundsätzlich sollten Kinder in der Schule lernen, daß unser Wissen unvollkommen sei, da wir unvollkommene Wesen seien. Die Geschichte des Lernens sei das Abenteuer der Überwindung von Irrtümern. Fehler seien keine Sünde. Die Sünde liege vielmehr in unserer Weigerung, unsere eigenen Annahmen zu überpüfen, liege in unserem Glauben an unerschütterliche Autoritäten.

Vielfalt nicht nur aushalten zu können, sondern zu begrüßen ist das vielleicht wichtigste Lernziel auch angesichts der hohen Zahl von MitbürgerInnen, die in anderen Ländern geboren sind und dort ihre kulturellen Wurzeln haben – eine Zahl, die in den kommenden Jahrzehnten noch wachsen wird. Dabei ist von der grundsätzlichen Tatsache auszugehen, daß unsere Interaktionen mit vielen verschiedenen Menschen uns zu dem machen, was wir sind. Die Begegnung mit Mitmenschen aus anderen Kulturen, mit Menschen, die andere Lebensformen praktizieren und andere Sichtweisen in ihrer Kultur entwickelt haben, bereichern uns. Dementsprechend haben auch die deutsche Kultur, Wissenschaft, Technik und Wirtschaft von den Einwanderungswellen in der Vergangenheit profitiert und wichtige Impulse erfahren – ein Gesichtspunkt, der in der derzeitigen Ausländerdiskussion noch viel zu wenig berücksichtigt wird.[1]

Dies zu vermitteln ist auch das Ziel der interkulturellen Erziehung, die einerseits dem „Defizit-Blick" auf ausländische Kinder entgegenarbeiten, vor allem aber die Kinder der Einheimischen von dem Zusammensein mit Kindern von Familien aus anderen Kulturen profitieren lassen will. So möchte die interkulturelle Erziehung die, die angeblich so sicher wissen, was „normal" ist und was nicht, dazu befähigen, sich dem „Fremden", „Nicht-Normalen" vorurteilsfrei zuzuwenden und einen mehrperspektivischen Blick auf die Wirklichkeit zu erlernen. „Viele dieser Emigranten und Flüchtlingskinder", so Dietrich (1995, S. 103), „bringen Kenntnisse über andere Länder und Kontinente mit, die deutsche Kinder mühsam aus Lehrbüchern erwerben müssen (Geographie, Klima, Vegetation ihrer Herkunftsländer). Ihre mitgebrachten kulturellen Deutungsmuster der Wirklichkeit könnten unsere eurozentristische Weltsicht erweitern." Dementsprechend sei die monolinguale und monokulturelle Prägung von Schule und Unterricht zu überwinden.

---

1 So sind m.E. die gutgemeinten, teils bewundernswerten Aktionen „gegen Ausländerfeindlichkeit" – wie alle „Gegen"-Aktionen – wenig hilfreich. Wichtig erscheinen Aktionen „für Ausländer", die die Argumente propagieren, warum wir Ausländer in unserer Gesellschaft als positiven und begrüßenswerten „Input" willkommen heißen sollten.

5. Anregung zur Dialogfähigkeit

Hans-Jochen Vogel hat es einmal als eine der größten Enttäuschungen in seinem Leben bezeichnet, daß von einem Geist der Verständigung – von einem Auf-einander-hören-Wollen, Einander-verstehen-Wollen, Zur-wirklichen-Verständigung-finden-Wollen – in unserer Gesellschaft, in unserer Politik viel zu selten etwas zu spüren sei. Die Politiker müßten etwa im Deutschen Bundestag ganz anders miteinander umgehen, wenn sie wirklich um Verständigung ringen würden. Zu oft gehe es aber nur darum, taktische Vorteile auszunutzen, medienwirksame Selbstdarstellung zu betreiben und die eigene Klientel zufriedenzustellen. Wille zu echter Verständigung aber würde vieles weiterbringen in der Politik für unser Land (Vogel 1994, S. 72 f.).

Eine Bestätigung für diese Beobachtung findet jeder, der sein Fernsehgerät einschaltet. Es gibt endlos viele Talkshows, es wird unendlich viel „diskutiert", aber selten wird man feststellen können, daß die Diskutanten aufeinander hören, den anderen zu verstehen suchen und sich wirklich miteinander bzw. jeweils mit den Argumenten des anderen auseinandersetzen.

Etwa im Jahre 120 v. Chr. hat ein Gespräch zwischen dem buddhistischen Mönch und Philosophen Nagasena und dem griechisch-baktrischen König Menandros stattgefunden, das in einer Schrift mit dem Titel „Die Fragen des Milinda" übermittelt worden ist (Mehlig 1987, S. 247 f.). Dort heißt es:

> Der König sprach: „Ehrwürdiger Nagasena, wirst du weiter mit mir diskutieren?"
> „Wenn du, großer König, in der Sprache eines Gelehrten diskutieren wirst, dann werde ich mit dir diskutieren. Wenn du aber in der Sprache des Königs diskutieren wirst, dann werde ich nicht mit dir diskutieren."

„Wie, ehrwürdiger Nagasena, diskutieren denn die Weisen?"
„Bei einer Diskussion unter Weisen, großer König, findet ein
Aufwinden und ein Abwinden statt, ein Überzeugen und ein Zu-
gestehen; eine Unterscheidung und eine Gegenunterscheidung
wird gemacht. Und doch geraten die Weisen nicht darüber in Zorn.
So, großer König, diskutieren die Weisen miteinander."
„Wie aber, Ehrwürdiger, diskutieren die Könige?"
„Wenn Könige während einer Diskussion eine Behauptung auf-
stellen und irgendeiner diese Behauptung widerlegt, dann geben
sie den Befehl, diesen Menschen mit Strafe zu belegen. Auf diese
Weise, großer König, diskutieren Könige."

Dem Mönch und Philosopen Nagasena geht es um eine „herrschafts-
freie Diskussion", und er ist der Überzeugung, daß in einem echten
Dialog die Gesprächspartner Selbstbeherrschung lernen, gute moralische Gewohnheiten entwickeln und das Ziel des Gespräches
nicht in Sieg oder Niederlage erblicken, sondern im Verstehen und
Verstanden-Werden.

Verstehen setzt einen Dialog und wechselseitiges Bemühen
voraus.

Schon oben wurde darauf hingewiesen, daß nicht die Wörter,
die in einem Dialog gesprochen werden, Bedeutung transportieren,
sondern daß diese Wörter lediglich Anregungen für den anderen
darstellen, Sinn und Bedeutung in ähnlicher Weise zu konstruieren
wie der Sprechende. Wie gut dies gelingt, hängt davon ab, ob die
Wörter für den Angesprochenen in irgendeiner Weise bedeutsam
und anschlußfähig sind, ob sie für ihn anregenden Charakter haben. Was sie genau anregen, ist nicht vorhersehbar und hängt u. a.
davon ab, welche Bedeutung der Angesprochene den Wörtern zuordnet. Kommunikation ist deshalb prinzipiell geprägt von Unsicherheit, und erst die Reaktion des Angesprochenen kann für den
Sprechenden ein Stück Aufschluß darüber geben, ob er „verstanden" wurde. Selbst für den Sprechenden stellen sich also im Dialog
immer die Fragen: Wie hat der Angesprochene verstanden und
wahrgenommen? Was genau war es, das diese Reaktion des anderen ausgelöst hat? Welchen Wert verteidigt er mit seiner ablehnen-
den Reaktion? Stimme ich mit ihm vielleicht sogar in seinem Anliegen überein, daß heißt, sind die Ziele, die er verfolgt, möglicherweise eine Gemeinsamkeit, die Anschlußfähigkeit erlaubt? Solche
und ähnliche Fragen, die sich auf die Art des Verstehens beim An-

gesprochenen beziehen, sind Ansatzpunkt für einen Dialog, der etwas ganz anderes ist als die leidigen Diskussionen darüber, wer nun Recht habe und worin der eine oder andere sich irre.

In den üblichen Diskussionen ereignet sich auf der Beziehungsebene nicht selten der wörtliche Sinn von „discutere", nämlich ein Zerschlagen, Beschädigen, Zerteilen. Demgegenüber gibt es in einem Dialog

> „weder Sieger noch Besiegte, sondern nur offene, suchende Partner, die Wahrhaftigkeit, Neugierde und Akzeptanz verbindet, und die sich in diesem Prozeß verändern: Im Dialog widmen sich die Partner einem gemeinsamen Thema und sind bemüht, ihre Sichtweisen zu vereinbaren; alle Schritte, die zur Synthese führen, sowie die Beteiligten selbst bleiben darin ‚aufgehoben', so daß ein ‚Dialog' als kreativ und nicht destruktiv oder ‚verschmelzend' empfunden wird. Dialoge sind offen für neue Sinnhorizonte, stiften und erschüttern Sinn, konstituieren Realitäten und stellen sie der Kritik." (Ludewig 1992, S. 134 f.)

Die wesentlichste Möglichkeit, Dialogfähigkeit anzuregen, besteht für die ErzieherIn – der Hinweis ist natürlich banal – darin, daß sie Dialoge mit den zu Erziehenden führt. Es geht also darum, das Kind als gleichberechtigten Dialogpartner anzusehen, dessen spezifische Sicht von der Welt, von sich selbst, von anderen Menschen nicht falsch, sondern Ausdruck seiner Struktur, d. h. seiner aktuellen kognitiven Entwicklung, seiner Wünsche und Bedürfnisse in der augenblicklichen Situation ist. Es geht darum, das Anderssein der zu Erziehenden, ihre innere Logik zu verstehen, und nicht darum, das Anderssein der zu Erziehenden aufzulösen. Das bedeutet: Die ErzieherIn begegnet der Meinung der zu Erziehenden mit Akzeptanz und Respekt. Selbstverständlich wird sie aber nicht ihre eigenen Einstellungen und Haltungen zurückhalten oder verschweigen, sondern sie im Gegenteil und gegebenfalls sehr entschieden mit anderen Gesprächsinhalten, Einstellungen und Haltungen konfrontieren.

Die Zielvorstellung der ErzieherIn wird dabei vielfach in der Erweiterung der Wahlmöglichkeiten der zu Erziehenden bestehen (die beispielsweise äußert: „Alle Türken sind …"). Dabei bedeutet dann Anregung zur Dialogfähigkeit nicht nur ein Eingehen auf die jeweils aktuellen Inhalte, sondern auch einen Verweis auf die einschränkenden Bedingungen von Sprache. Anregung zur Dialogfähigkeit ist damit in seinen wesentlichen Elementen Denkerziehung und Spracherziehung zugleich (vgl. Wyrwa 1996).

Wörter, Sätze, Äußerungen beziehen ihre Bedeutung zum wesentlichen Teil aus dem Kontext, in dem sie gesprochen werden. Zu jeder gegebenen Zeit, an jedem gegebenen Ort gibt es eine Vielzahl von Bedingungen – soziale, historische, physiologische und andere –, die dazu führen, daß einem Wort, das an diesem Ort und zu dieser Zeit geäußert wird, eine bestimmte Bedeutung zukommt, die verschieden ist von der, die demselben Wort unter anderen Bedingungen zukommen würde. Diese Tatsache wird von uns in vielen Fällen sehr selbstverständlich realisiert. So würde man den Theaterbesucher für verrückt erklären, der in dem Augenblick, wo Othello Desdemona erwürgt, nach der Polizei ruft, obwohl dies in einem anderen Kontext eine sinnvolle Reaktion wäre.

Wörter sind immer auch eine Abstraktion, eine Zusammenfassung dessen, wie wir die Welt sehen, das heißt: wie wir uns geeinigt haben, die Welt zu sehen. Sie täuschen dadurch Gewißheit und Eindeutigkeit vor. Postman veranschaulicht diesen Vorgang mit Bezug auf Korzybski:

> „Nehmen wir an, wir stehen einem Phänomen gegenüber, das wir ,Tasse' nennen. Wir müssen zuerst einmal verstehen, daß eine ,Tasse' kein Gegenstand ist, sondern ein Ereignis. Die moderne Physik sagt uns, daß eine ,Tasse' aus Milliarden von Elektronen besteht, die in ständiger Bewegung, in kontinuierlicher Veränderung begriffen sind. Obwohl uns nichts von dieser Aktivität erkennbar ist, bleibt es wichtig, sie anzuerkennen, weil wir auf diese Weise die Idee erfassen können, daß *die Welt nicht so ist, wie sie uns erscheint.* Was wir sehen, ist eine Zusammenfassung – eine Abstraktion, wenn Sie wollen – elektronischer Aktivität." (Postman 1995, S. 225)

Natürlich ist diese Abstraktion „Tasse" sinnvoll und hilft uns, eine Landkarte von der Welt zu erstellen, mit deren Hilfe wir uns zurechtfinden.

> „Die Sprache unterstützt uns in unseren Auswertungen der Welt in unschätzbarer Weise. Sie liefert uns Namen für die Ereignisse, denen wir gegenüberstehen, und indem wir sie benennen, sagen

wir uns selbst durch die Sprache zugleich, was wir erwarten und wie wir uns auf Handlungen vorbereiten sollen." (Postman 1995, S. 225 f.)

Aber das Wort – beispielsweise das Wort „Tasse" – bezeichnet nichts, was wirklich in der Welt existiert.[1]

Demgegenüber ist das Ausmaß, in dem Sprache unser Denken und Handeln prägt, kaum zu überschätzen. Sprache beeinflußt uns mehr, als wir uns das bewußt zu machen pflegen. Ihre Regelsysteme, ihre semantischen Muster, ihre kommunikativen Regeln stecken Möglichkeitsräume ab. Gadamer hat das in den Satz gefaßt, daß es korrekter sei „zu sagen, daß Sprache uns spricht, als daß wir sie sprechen."[2] Und Sprache konstruiert Realität – ggf. auch eine Realität, die wir gar nicht wollen. Wollen wir diese Realität ändern, müssen wir unseren Sprachgebrauch ändern.[3]

. Die Wörter und Begriffe, die wir benutzen, sei es nun „Tasse", „Schlüssel", „Ehre", „Vaterlandsliebe" oder „Instinkt", täuschen Realität und Gewißheit vor. Wir neigen deshalb dazu, die Inhalte, die wir mit ihnen verbinden, bei dem anderen ebenfalls vorauszusetzen, der ihnen aber möglicherweise ganz andere Bedeutungen zuschreibt. Dies ist in vielen Diskussionen zu beobachten, die sozusagen davon leben, daß jeder Teilnehmer über etwas anderes redet, ohne daß man darüber spricht, worüber man spricht. Vor allem aber verleiten Wörter und Begriffe dazu, die mit ihnen verbundenen Inhalte für unerschütterliche Fakten zu halten und überhaupt nicht mehr zu fragen, was sie denn erklären und beschreiben. Sie transportieren Vorannahmen und sozusagen zugleich das Verbot, sie zu hinterfragen. Bateson (1983, S. 73 ff.) hat dies sehr anschaulich in einem seiner Metaloge mit seiner Tochter verdeutlicht:

---

1 Zweisprachig aufgewachsene Kinder sind nach Untersuchungen von Kenji Hakuta (1987) ihren einsprachigen Altersgenossen offensichtlich deshalb intellektuell überlegen, weil sie „weniger dazu neigen, Sache und Wort für dasselbe zu halten. Sie gewinnen eine gewisse Distanz zu ihrer Sprache, ihren Sprachen. Früher und gründlicher wird ihnen klar, daß Wörter auswechselbare Symbole sind."(Dieter E. Zimmer in DIE ZEIT, Nr. 50 vom 06.12.1996)
2 Gadamer (1986, S. 465), nach Willke (1994, S. 57)
3 siehe dazu u.a. Tröml-Plötz (1984)

Tochter: Papi, was ist ein Instinkt?

Vater: Ein Instinkt, meine Liebe, ist ein Erklärungsprinzip.

Tochter: Aber was erklärt es?

Vater: Alles – fast alles überhaupt. Alles, was man damit erklären will.

Tochter: Sei nicht albern. Es erklärt doch nicht die Schwerkraft.

Vater: Nein. Aber nur deshalb, weil niemand will, daß ‚Instinkt' die Schwerkraft erklärt. Wollte man es, dann würde er auch das erklären. Wir könnten einfach sagen, daß der Mond einen Instinkt hat, dessen Stärke sich umgekehrt proportional zum Quadrat der Entfernung verändert …

Tochter: Aber das ist Unsinn, Papi.

Vater: Ja, sicher. Aber du hast doch mit ‚Instinkt' angefangen, nicht ich.

Tochter: Na gut. Aber was erklärt denn dann wirklich die Schwerkraft?

Vater: Nichts, mein Schatz, weil Schwerkraft ein Erklärungsprinzip ist.

Tochter: Oh.

…

Tochter: Papi, ist ein Erklärungsprinzip dasselbe wie eine Hypothese?

Vater: Fast, aber nicht ganz. Weißt du, eine Hypothese versucht, ein besonderes Etwas zu erklären, aber ein Erklärungsprinzip – wie ‚Schwerkraft' oder ‚Instinkt' – erklärt in Wirklichkeit nichts. Es ist eine Art konventionelle Übereinkunft zwischen Wissenschaftlern, die dazu dient, an einem bestimmten Punkt mit dem Erklären der Dinge aufzuhören."

In besonderem Maße werden „selbstverständliche" Grundannahmen durch den Gebrauch von Metaphern vermittelt. Das bedeutet: Um dialogfähig zu werden, ist es besonders wichtig, die Macht von Metaphern zu kennen und zu lernen, solche Bilder, die eine Fülle von Konsequenzen nach sich ziehen, sorgfältig zu hinterfragen. Was bedeutet es, und welche Konsequenzen hat es, wenn man z. B. – wie Rousseau – sagt: Das Kind muß wie eine Pflanze kultiviert werden (Beschnitten? Zurechtgestutzt? Liebevoll gepflegt? Gestützt? Wächst es von selbst, wenn man ihm nur genug Platz und Raum schafft?), oder wenn man sagt: Das Kind ist wie ein kleiner Erwach-

sener (Voll für sich verantwortlich? Eigenständig? Nicht erziehungs-
bedürftig?). Oder ist das Kind wie ein Computer, in den Informationen eingegeben werden, der Daten verarbeitet, der im Laufe der
Zeit immer besser programmiert wird, damit er die bestmöglichen
Ergebnisse bringt? Derartige Metaphern sind wie ein Programm;
sie haben hypnotische Wirkung. Hierfür Aufmerksamkeit und Sen-
sibilität zu entwickeln, scheint als eines der wichtigsten Erziehungsziele, um Menschen vor sprachlich gewandten Verführern in Politik
und Wirtschaft zu schützen.

Anregung zur Dialogfähigkeit bedeutet im weiteren, Sprach-
und Introspektionsfähigkeit beim Kind zu fördern und an den jeweils konkreten Einschränkungen der Sprache des Kindes zu arbeiten. Dabei geht es zunächst darum, Verallgemeinerungen durch ge-
naues Nachfragen in Frage zu stellen (beispielsweise beim Gebrauch
der Wörter „alle", „niemand" oder „jeder" genau nach dem „wer"
und „wer nicht" zu fragen) und Eigenschaftswörter wieder in ihren
Beziehungszusammenhang einzuordnen (wann und unter welchen
Umständen genau verhält sich jemand überheblich, anstatt daß er
ein überheblicher Mensch ist). Darüber hinaus ist es wichtig, die oft
unterstellte Zwangsläufigkeit (wenn A geschieht, dann ist B die Folge) aufzulösen und die angebliche Eindeutigkeit nicht hinterfragter
Prämissen zu thematisieren.

Selbstverständlich dienen auch die Problemgespräche zwischen
der ErzieherIn und dem Kind der Anregung zur Dialogfähigkeit.
Auch hier ist die ErzieherIn Modell, indem sie möglichst genau versucht, das von dem Kind geschilderte Problem aus der Sicht des
Kindes zu erfassen, indem sie sich dessen spezifischer Wirklichkeits-
sicht interpretativ annähert. Dies setzt u. a. voraus, daß die ErzieherIn ihre Wirklichkeitskonstruktion nicht einseitig strukturiert,
somit Perspektiven wechseln kann und durch das intensive Stellen
von Fragen versucht, ihre Verständnislücken bezüglich des Problems zu schließen. Dabei geht es nicht nur um die adäquate Erfassung des Problems, sondern wesentlich darum, wie das Kind selbst
das Problem bewertet.

6. Lernen zu lernen

Rousseau schrieb 1762: „Mein Ziel ist nicht, ihm (dem Kind – W. R.) Wissen zu vermitteln, sondern zu lehren, wie man es erwirbt, wie man es nach seinem wahren Wert einschätzt" (Rousseau 1971, S. 208). Genau diese beiden Punkte sind aus systemtheoretischer Sicht zentrale Aspekte von Erziehung: ein Lernen anzuregen, wie man Wissen bei all seiner Subjektivität auf seinen Wert einschätzt und im sprachbewußten Diskurs mit anderen beurteilt, sowie ein Lernen anzuregen, wie man lernt.

Ziel von Erziehung kann heute nicht mehr der (fertig) erzogene, (abgeschlossen) ausgebildete Mensch sein. Lebenslanges Lernen und Sich-Weiterentwickeln ist in allen Persönlichkeitsbereichen erforderlich. Der Umfang des Wissens ist heutzutage so groß und verdoppelt sich zudem noch in so kurzer Zeit, daß wir zwangsläufig immer weniger wissen, das heißt, daß der Prozentsatz, den wir wissen können, immer kleiner wird. Darüber hinaus ändert sich unsere Welt in immer rascherem Tempo, so daß wir in immer kürzerer Zeit neuen Situationen begegnen, die neues Lernen und persönliche Weiterentwicklung erforderlich machen.

Das bedeutet für Erziehung und Unterricht: Nicht das Lernen eines bestimmten Bestandes an Kulturwissen ist als oberstes Ziel anzusehen, sondern vielmehr das Lernen des Lernens und damit das Lernen eines angemessenen Umgangs mit den heutzutage auf uns einstürzenden Informationen in all ihrer Vielfältigkeit und Widersprüchlichkeit. Diesem Lernen des Lernens ist die Vermittlung des Kulturwissens, der Kulturtechniken beispielsweise wie Lesen, Schreiben und Rechnen sowie von Fremdsprachen, insofern und soweit unterzuordnen, als sie für das Erlernen des Lernens hilfreich und nützlich sind (wodurch sie dann auch für die SchülerInnen wieder Sinn bekommen).

„Lehre mich nicht, laß mich lernen!" könnte deshalb ein Motto sein, nach dem Lernprozesse organisiert werden. Denn nicht die Übernahme „fertiger" Ergebnisse, sondern eigenes Experimentieren, Fragen, Versuchen und Zuordnen von Erfahrenem müssen Ziele der Lernprozesse sein. Die Schule beispielsweise wird dann zu einer „Lernwerkstatt", in der SchülerInnen lernen, das Lernen selbst zu organisieren, beispielsweise bei fächerübergreifenden Projekten, bei selbstorganisierter Arbeit oder in der Selbstverwaltung. Der Aufmerksamkeitsschwerpunkt in der Schule verschiebt sich von Techniken der Informations- und Wissensaneignung zu Strategien der Informations- und Wissensverarbeitung (vgl. Wyrwa 1996). Das Erlernen des Unterscheidens, Auswählens und Bewertens von Informationen sowohl unter Berücksichtigung der eigenen Stärken, persönlichen Vorlieben und individuellen Vorerfahrungen als auch im Kontext der jeweiligen Frage- oder Aufgabenstellungen tritt dann in den Vordergrund. Schule würde sich damit auf solche Fähigkeiten konzentrieren, die uns – zumindest noch für längere Zeit – nicht von Computern abgenommen werden können.[1]

1 vgl. Stadler, Diskussionsbeitrag in: Bremer Universitätsgespräch (1997, S. 102) und Roth (1997, S. 50 ff.)

Literatur

Ariés, Ph. (1992): Geschichte der Kindheit (10. Aufl.). München (dtv).

Axelrod, R. (1984): The Evolution of Cooperation. New York (Basic Books).

Bacher, J. u. L. Wilk (1994): Schlußfolgerungen und politischer Handlungsbedarf. In: L. Wilk u. J. Bacher (Hrsg.): Kindliche Lebenswelten. Opladen (Leske & Budrich), S. 349–370.

Balgo, R. u. R. Voß (1996): Wenn das Lernen der Kinder zum Problem gemacht wird. Einladung zu einem systemisch-konstruktivistischen Sichtwechsel. In: R. Voß (Hrsg.): Die Schule neu erfinden. Neuwied (Luchterhand), S. 56–69.

Ballauff, T. (1969): Pädagogik. Eine Geschichte der Bildung und Erziehung. Band 1. Freiburg (Karl Alber).

Bateson, G. (1983): Ökologie des Geistes. Eine notwendige Einheit. Frankfurt/ Main (Suhrkamp). [am. Orig. (1972): Steps to an Ecology of Mind (Chandler).]

Bateson, G. (1987): Geist und Natur. Eine notwenige Einheit. Frankfurt/Main (Suhrkamp). [am. Orig. (1979): Mind and Nature. A Necessary Unity.]

Bennis, W. u. B. Nanus (1985): Führungskräfte. München (Heyne/Campus). [am. Orig. (1985): Leaders. New York (Harper a. Row).].

Bly, R. (1997): Die kindliche Gesellschaft. München (Kindler). [am. Orig. (1996): The Sibling Society. (Addison Wesley).]

Bremer Universitätsgespräch (1997): Was können wir aus der Hirnforschung lernen? Hrsg. v. d. Wolfgang-Ritter-Stiftung, Universität Bremen, S. 45–55.

Büeler, X. (1994): System Erziehung. Bern (Paul Haupt).

Cachay, K. u. A. Thiel (1996): Erziehung im und durch Sport in der Schule. Systemtheoretisch-konstruktivistische Überlegungen. In: R. Voß (Hrsg.): Die Schule neu erfinden. Neuwied (Luchterhand), S. 333–351.

Capra, F. (1982): Wendezeit. Bern (Scherz). [am. Orig. (1982): The Turning Point.]

Dietrich, I. (Hrsg.) (1995): Handbuch der Freinet-Pädagogik. Eine praxisbezogene Einführung. Weinheim (Beltz).

Dornes, M. (1992): Der kompetente Säugling. Frankfurt/Main. (Suhrkamp).

Drewes, M. u. E. Krott (1996): Der Schlüssel zum Glück? Zwang als konstruktiver Beitrag zur Gestaltung von Beziehungen. *Zeitschrift für systemische Therapie* 14: 197–202.

Durrant, M. (1996): Auf die Stärken kannst du bauen. Dortmund (modernes lernen). [engl. Orig. (1993): Residential Treatment. A Cooperative, competency-Based Approach to Therapy and Program Design. London (Norton).]

Engel, G. (1996): Der Schulzirkus. Möglichkeiten der Vernetzung von Jugendhilfe, Schule und Familie. In: R. Voß (Hrsg.): Die Schule neu erfinden. Neuwied (Luchterhand), S. 262–269.

Etzioni, A. (1994): Jenseits des Egoismus-Prinzips. Stuttgart (Schäffer-Poeschel).

Farson, R. (1975): Menschenrechte für Kinder. München (Desch).

Flitner, A. (1982): Konrad, sprach die Frau Mama ... Über Erziehung und Nicht-Erziehung. Berlin (Severin und Siedler).

Foerster, H. von (1985): Sicht und Einsicht. Braunschweig (Vieweg).

Foerster, H. von (1987): Entdecken oder Erfinden. – Wie läßt sich Verstehen verstehen? In: W. Rotthaus (Hrsg.): Erziehung und Therapie in systemischer Sicht. Dortmund (modernes lernen), S. 22–60.

Foerster, H. von (1993a): Wissen und Gewissen. (Hrsg. von S.J. Schmidt.) Frankfurt/Main (Suhrkamp).

Foerster, H. von (1993b): KybernEthik. Berlin (Merve).

Forges, J.P. (1995): Soziale Interaktion und Kommunikation. Weinheim (Beltz, Psychologie Verlags Union).

Giesecke, H. (1985): Das Ende der Erziehung. Neue Chancen für Familie und Schule. Stuttgart (Klett-Cotta).

Giesecke, H. (1987a): Die Zweitfamilie. Leben mit Stiefkindern und Stiefvätern. Stuttgart (Klett-Cotta).

Giesecke, H. (1987b): Pädagogik als Beruf. Grundformen pädagogischen Handelns. Weinheim (Juventa).

Giesecke, H. (1996): Wozu ist die Schule da? Stuttgart (Klett-Cotta).

Glasersfeld, E. von (1985): Konstruktion der Wirklichkeit und des Begriffs der Objektivität. In: H. Gumin u. A. Mohler (Hrsg.): Einführung in den Konstruktivismus. München (Oldenburg), S. 1–26.

Gordon, Th. (1972): Familienkonferenz. Hamburg (Hoffmann u. Campe).

Gordon, Th. (1978): Familienkonferenz in der Praxis. Hamburg (Hoffmann u. Campe).

Heer (1949): Aufgang Europas. Wien/Zürich.

Hengst, H. (1981): Tendenzen der Liquidierung von Kindheit. In: H. Hengst (Hrsg.): Kindheit als Fiktion. Frankfurt (Suhrkamp).

Hentig, H. von (1985a): Phänomene klären und Verhältnisse ändern. *Westermanns Pädagogische Beiträge* 12: 590–594.

Hentig, H. von (1985b): Ende, Wandel oder Wiederherstellung der Erziehung? Über das Verschwinden der Erwachsenen. *Neue Sammlung* 25: 475–509.

Herzog, W. (1988): Die Verheißungen der Kindheit. Pädagogik der Postmoderne. *Schweizer Monatsheft* 6: 526–533.

Holt, J. (1978): Zum Teufel mit der Kindheit: Über die Bedürfnisse und Rechte von Kindern. Wetzlar (Büchse der Pandora). [am. Orig. (1975): Escape from Childhood.]

Honig, M.-S., H.-R. Leu u. U. Nissen (Hrsg.) (1996): Kinder und Kindheit. Sozio-kulturelle Muster – sozialisationstheoretische Perspektiven. Weinheim (Juventa).

Hurrelmann, K. u. D. Uhlig (Hrsg.) (1991): Neues Handbuch der Sozialisations-forschung. Weinheim (Beltz).

Huschke-Rhein, R. (1990): Erziehung, Sozialisation, Lernen und Umweltlernen. Zur Praxisrelevanz der Systemtheorie Luhmanns. In: R. Huschke-Rhein (Hrsg.): Systemische Pädagogik. Band IV: Zur Praxisrelevanz der System-theorien. Köln (Rhein).

Jensen, G.B. (1990): Der heimliche Lehrplan – Seine Bedeutung für Schule und Unterricht. *Lehrerjournal – Hauptschulmagazin*: 55–59.

Jetter, K. (1996): Wenn das Verhalten auffällt. *Behinderte* 19: 15–24.

Jörs, M. u. K. Westphalen (1990): Grauzone der Erziehung: Der „heimliche" Lehrplan. *Lehrerjournal – Hauptschulmagazin*: 5–8.

Kiss, G. (1986): Grundzüge und Entwicklung der Luhmannschen System-theorie. Stuttgart (Enke).

Klafki, W. et al. (1970a): Funkkolleg Erziehungswissenschaft 1. Frankfurt/Main. (Fischer).

Klafki, W. et al. (1970b): Funkkolleg Erziehungswissenschaft 2. Frankfurt/Main. (Fischer).

Krüll, M. (1987): Systemisches Denken und Ethik. Politische Implikationen der systemischen Perspektive. *Zeitschrift für systemische Therapie* 4: 250–255.

Küng, H. u. K.-J. Kuschel (1993): Erklärung zum Weltethos. Die Deklaration des Parlamentes der Weltreligionen. München (Piper).

Kupffer H. (1980): Erziehung – Angriff auf die Freiheit. Weinheim (Beltz).

Loser, S. (1983): Kämpfe ohne Sieger und Besiegte oder: Wie Schule aus Kin-dern Schüler zu machen vermag. *Westermanns Pädagogische Beiträge*: 228–232.

Ludewig, K. (1987): Therapie und Erziehung – Widerspruch oder Ergänzung? In: W. Rotthaus (Hrsg.): Erziehung und Therapie in systemischer Sicht. Dortmund (modernes lernen), S. 90–100.

Ludewig, K. (1992): Systemische Therapie. Grundlagen klinischer Theorie und Praxis. Stuttgart (Klett-Cotta).

Luhmann, N. (1985): Soziale Systeme. Frankfurt/Main (Suhrkamp).

Luhmann, N. (1986): Systeme verstehen Systeme. In: N. Luhmann u. K.E. Schorr (Hrsg.): Zwischen Intransparenz und Verstehen. Fragen an die Pädagogik. Frankfurt/Main.

Luhmann, N. (1987a): Strukturelle Defizite. Bemerkungen zur systemtheo-retischen Analyse des Erziehungswesens. In: J. Oelkers u. H.-E. Tenorth (Hrsg.): Pädagogik, Erziehungswissenschaft und Systemtheorie. Weinheim (Beltz), S. 57–75.

Luhmann, N. (1987b): Sozialisation und Erziehung. In: W. Rotthaus (Hrsg.): Erziehung und Therapie in systemischer Sicht. Dortmund (modernes ler-nen), S. 77–86.

167

Luhmann, N. u. K.-E. Schorr (1982): Das Technologiedefizit der Erziehung und die Pädagogik. In: N. Luhmann u. K.-E. Schorr (Hrsg.): Zwischen Technologie und Selbstreferenz. Frankfurt/Main (Suhrkamp).

Maturana, H., G. Uribe u. S.G. Frenk (1968): Eine biologische Theorie der relativistischen Farbkodierung in der Primatenretina. In: H. Maturana (1982): Erkennen: Die Organisation und Verkörperung von Wirklichkeit. Braunschweig (Vieweg), S. 88–137.

Maturana, H. u. F.J. Varela (1987): Der Baum der Erkenntnis. Wie wir die Welt durch unsere Wahrnehmung erschaffen – Die biologischen Wurzeln des menschlichen Erkennens. Bern (Scherz). [span. Orig. (1984): El àrbol del conocimiento.].

Mause, L. de (Hrsg.) (1977): Hört Ihr die Kinder weinen? Eine psychogenetische Geschichte der Kindheit, Frankfurt/Main (Suhrkamp). [am. Orig. (1974): The History of Childhood. New York (Psychohistory).]

Mehlig, J. (1987): Weisheit des alten Indien. Band 2. Leipzig.

Müssen, P. (1995): „Gnothi seauton". Konstruktivismus und die sokratische Methode der Maieutik. Versuch über konstruktivistische Fragen zur Ethik. In: G. Rusch u. S.J. Schmidt (Hrsg.): Konstruktivismus und Ethik. Frankfurt/Main (Suhrkamp), S. 178–209.

Neill, A. S. (1969): Theorie und Praxis der antiautoritären Erziehung. Das Beispiel Summerhill. Hamburg (Rowohlt). [engl. Orig. (1960): Summerhill, A Radical Approach to Child Rearing. New York (Hart).].

Nunner-Winkler, G. (1996): Moralisches Wissen – moralische Motivation moralisches Handeln. In: M.S. Honig, H.R. Leu u. U. Nissen (Hrsg.): Kinder und Kindheit. Weinheim (Juventa), S. 129–156.

Oelkers, J. (1982): Intention und Wirkung: Vorüberlegungen zu einer Theorie pädagogischen Handelns. In: N. Luhmann u. K.-E. Schorr (Hrsg.): Zwischen Technologie und Selbstreferenz. Frankfurt (Suhrkamp).

Oelkers, J. (1987): System, Subjekt und Erziehung. In: J. Oelkers u. H.-E. Tenorth (Hrsg.): Pädagogik, Erziehungswissenschaft und Systemtheorie. Weinheim (Beltz), S. 175–201.

Oelkers, J. u. H.E. Tenorth (1987): Pädagogik, Erziehungswissenschaft und Systemtheorie: Eine nützliche Provokation. In: J. Oelkers u. H.-E. Tenorth (Hrsg.): Pädagogik, Erziehungswissenschaft und Systemtheorie. Weinheim (Beltz), S. 13–54.

Oerter, R. u. L. Montada (1987): Entwicklungspsychologie. München (Psychologie Verl. Union).

Olbrich, E. (1985): Produktive Anpassung und Entwicklung im Jugendalter – Eine Gegenposition zum „Störreizmodell". In: W. W. Rotthaus (Hrsg.): Psychotherapie mit Jugendlichen. Dortmund (modernes lernen), S. 14–44.

Oser, F. u. W. Althof (1994): Moralische Selbstbestimmung: Modelle der Entwicklung und Erziehung im Wertebereich. Stuttgart (Klett-Cotta).

Pfeiffer, J. (Hrsg.) (1942): Kant-Brevier. Hamburg (Marion von Schröder).

Pleyer, K.H. (1996): Schöne Dialoge in häßlichen Spielen? Überlegungen zum Zwang als Rahmen für Therapie. *Zeitschrift für systemische Therapie* 14: 186–196.

Postman, N. (1987): Das Verschwinden der Kindheit. Frankfurt/Main (Fischer). [am. Orig. (1982): The Disappearance of Childhood. New York (Delacorte).]

Postman, N. (1995): Keine Götter mehr. Das Ende der Erziehung. Berlin (Berlin). [am. Orig. (1995): The End of Education. New York (Knopf).].

Qvortrup J. (1993): Die soziale Definition von Kindheit. In: M. Markeska u. B. Nauck (Hrsg.): Handbuch der Kindheitsforschung. Neuwied (Luchterhand).

Rehm, J. (Hrsg.) (1994): Verantwortlich leben in der Weltgemeinschaft. Zur Auseinandersetzung um das „Projekt" Weltethos. Gütersloh (Kaiser).

Reich, K. (1996): Systemisch-konstruktivistische Pädagogik. Neuwied (Luchterhand).

Rorty, R. (1989): Contingency, Irony and Solidarity. Cambridge (Cambridge UP). [dt. (1992): Kontingenz, Ironie und Solidarität. Frankfurt/Main (Suhrkamp).]

Roth, G. (1997): Das Gehirn, ein selbstbewertender Computer? In: Bremer Universitätsgespräch: Was können wir aus der Hirnforschung lernen? Hrsg. v. d. Wolfgang-Ritter-Stiftung, Universität Bremen.

Rotthaus, W. (Hrsg.) (1987a): Erziehung und Therapie in systemischer Sicht. Dortmund (modernes lernen).

Rotthaus, W. (1987b): Das schwierige Verhältnis von Erziehung und Therapie aus der Sicht eines Kinder- und Jugendpsychiaters. In: W. Rotthaus (Hrsg.): Erziehung und Therapie in systemischer Sicht. Dortmund (modernes lernen), S. 9–21; auch in: L.R. Huschke-Rhein (Hrsg.) (1990): Systemische Pädagogik, Bd IV: Zur Praxisrelevanz der Systemtheorie. Köln (Rhein), S. 28–39.

Rotthaus, W. (1990): Stationäre systemische Kinder- und Jugendpsychiatrie. Dortmund (modernes lernen).

Rotthaus, W. (1998): Beratung und Therapie von Kindern und ihren Familien nach suizidalen Handlungen. *Zeitschrift für ärztliche Fortbildung und Qualitätssicherung*. i. Dr.

Rousseau, J.J. (1971): Emile oder Über die Erziehung. Paderborn (Schöningh). [franz. Orig. (1762): Emile.]

Rusch, G. u. S.J. Schmidt (Hrsg.) (1995): Konstruktivismus und Ethik. Frankfurt/Main (Suhrkamp).

Schaefer-Hagenmaier, Th. (1994): Kindheit – Eine Fiktion? In: H. Trapmann, H. Baum, Th. Schaefer-Hagenmeier u. H. Siemes (Hrsg.): Zerrissene Kindheit. Köln (Katholische Fachhochschule NW), S. 65–81.

Schleiffer, R. (1994): Zur Unterscheidung von Erziehung und Therapie bei dissozialen Kindern und Jugendlichen. *Heilpädagogische Forschung* 20: 2–8.

Schmidt, S.J. (1987): Kommunizieren – Verstehen – Verändern. Kann die Psychotherapie vom Konstruktivismus etwas lernen? In: W. Rotthaus (Hrsg.):

Erziehung und Therapie in systemischer Sicht. Dortmund (modernes lernen), S. 61–75.

Schoenebeck, H. von (1993): Unterstützen statt erziehen. Die neue Eltern-Kind-Beziehung. München (Knaur).

Scholz, G. (1994): Die Konstruktion des Kindes. Über Kinder und Kindheit. Opladen (Westdeutscher Verlag).

Schwegler, H. u. G. Roth (1992): Steuerung, Steuerbarkeit und Steuerungsfähigkeit komplexer Systeme. In: H. Bußhoff (Hrsg.): Politische Steuerung. Baden-Baden (Nomos), S. 11–50.

Simon, F.B. (1990): Machtlosigkeit als Chance. In: B. Wischka u. Ch. Beckers (Hrsg.): Psychologie im Strafvollzug. Lingen/Ems (Kriminalpädagogischer Verlag).

Simon, F.B. (1993): Meine Psychose, mein Fahrrad und ich. Zur Selbstorganisation der Verrücktheit. Heidelberg (Carl-Auer-Systeme).

Spitz, R.A. (1965): Vom Säugling zum Kleinkind. Stuttgart (Klett).

Spranger, E. (1962): Das Gesetz der ungewollten Nebenwirkungen in der Erziehung. Heidelberg (Quelle und Meyer).

Stern, D.M. (1994): Die Lebenserfahrung des Säuglings. Stuttgart (Klett-Cotta).

Suransky V.P. (1982): The Erosion of Childhood. Chicago (The University of Chicago Press).

Terhart, E. (1987): Verstehen in erzieherischen Prozessen. Pädagogische Tradition und systemtheoretische Rekonstruktionen. In: J. Oelkers u. H.-E. Tenorth (Hrsg.): Pädagogik, Erziehungswissenschaft und Systemtheorie. Weinheim (Beltz), S. 259–284.

Thomae, H. (1959): Handbuch der Psychologie. Bd. 3: Entwicklungspsychologie. Göttingen (Hogrefe).

Trapmann, H., H. Baum, Th. Schaefer-Hagenmaier u. H. Siemes (Hrsg.) (1994): Zerissene Kindheit. Kritische Fragen – Beispiele aus der Arbeit. Köln (Kath. Fachhochschule NW).

Treml, A.K. (1987): Einführung in die Allgemeine Pädagogik. Stuttgart (Kohlhammer).

Treml, A.K. (1992): Desorientierung überall oder Entwicklungspolitik und Entwicklungspädagogik in neuer Sicht. *Zeitschrift für Entwicklungspädagogik* 15: 6–17.

Treml, A.K. (1997): Kindheit und Erziehung in einer immer komplexer werdenden Welt. *Zeitschrift für systemische Therapie* 15: 168–175.

Trömel-Plötz, S. (1984): Gewalt durch Sprache. Frankfurt/Main (Fischer).

Varela, F.J. (1994): Ethisches Können. Frankfurt/Main (Campus).

Vogel, H.J. (1994): Statement zur Eröffnung der Podiumsdiskussion. In: J. Rehm (Hrsg.): Verantwortlich leben in der Weltgemeinschaft. Gütersloh (Kaiser), S. 72–75.

Voß, R. (Hrsg.) (1996): Die Schule neu erfinden. Systemisch-konstruktivistische Annäherungen an Schule und Pädagogik. Neuwied (Luchterhand).

170

Weizsäcker, C.F. von (1994): Erkennen und Handeln – Physik und Ethik. In: J. Rehm (Hrsg.): Verantwortlich leben in der Weltgemeinschaft. Gütersloh (Kaiser), S. 47–60.

Wilk, L. (1994): Kindsein in „postmodernen" Gesellschaften. In: L. Wilk u. J. Bacher (Hrsg.): Kindliche Lebenswelten. Opladen (Leske und Budrich), S. 1–32.

Willke, H. (1993): Systemtheorie: eine Einführung in die Grundprobleme der Theorie sozialer Systeme. Stuttgart (Fischer).

Willke, H. (1994): Systemtheorie II: Interventionstheorie. Stuttgart (Fischer).

Willke, H. (1995): Systemtheorie III: Steuerungstheorie. Stuttgart (Fischer).

Wrede, A. (1990): Über meine Bereitschaft, gewisse Dinge zu glauben. *Zeitschrift für systemische Therapie* 8: 94–102.

Wyrwa, H. (1996): Pädagogik, Konstruktivismus und kognitive Sicherheit. Entwurf einer konstruktivistischen Denkerziehung. Aachen (Mainz).

Wyrwa, H. (1997): „Wenn die Schule erstmal laufen lernt, gibt es kein Halten mehr!" *System Schule*, 1: 20–24.

....

Register

172

173

Wilhelm Rotthaus

Kindheit in einer gewandelten Welt

Ende der Erziehung oder Beginn
einer neuen Beziehung zwischen
Kind und Erwachsenem

Wilhelm Rotthaus
➜ Kindheit in einer gewandelten Welt
Ende der Erziehung oder Beginn einer neuen
Beziehung zwischen Kind und Erwachsenem
1 Cass., 90 Min.
ISBN 3-89670-089-8

Die Lebensbedingungen von Kindern und Jugendlichen haben
sich in den letzten 30 Jahren sehr verändert. Der geschützte
Raum von Kindheit ist weitgehend verloren gegangen, ebenso
wie die Differenz zwischen Kindern und Erwachsenen sich
verringert hat. Die Rahmenbedingungen für eine Erziehung im
überkommenen Sinne sind abhanden gekommen.

   Dies alles macht eine neue Erziehung auf der Basis einer
neuen Beziehung zwischen Kindern und Erwachsenen erforderlich. Systemisches Denken bietet in diesem Zusammenhang eine Vielzahl neuer Sichtweisen und Handlungsansätze.

Carl-Auer-Systeme Verlag • Weberstr. 2 • D-69120 Heidelberg
Tel.: (0 62 21) 64 38 0 • Fax: (0 62 21) 64 38 22
E-mail: info@carl-auer.de • Internet: www.carl-auer. de

Kindheit in einer gewandelten Welt
Ende der Erziehung oder Beginn einer neuen
Beziehung zwischen Kind und Erwachsenem

Reinhard Voß (Hrsg.)

Schul-Visionen

Theorie und Praxis systemisch-
konstruktivistischer Pädagogik

Reinhard Voß (Hrsg.)
➜ SchulVisionen
Theorie und Praxis systemisch-
konstruktivistischer Pädagogik
313 Seiten, Kt
ISBN 3-89670-098-7

In diesem Buch kommen Betroffene zu Wort – Schüler, Eltern,
Lehrer, Studierende, Vertreter aus Kunst und Wirtschaft –, und
vor allem jene, die sich professionell mit Schule und Erziehung
beschäftigen. International ausgewiesene Wissenschaftler (E. v.
Glasersfeld, P. Dalin, H. v. Foerster u. v. a.) aus verschiedenen
Disziplinen sowie Praktiker aus unterschiedlichen Bereichen des
Schullebens formulieren mit fremdem Blick und anderen Ansichten neue Visionen zu den Grundfragen von Schule, Erziehung
und Unterricht. Das ermöglicht den Lesern neue Wahrnehmungen, Einstellungen und Handlungspositionen für ihren jeweiligen
Schulalltag.

Carl-Auer-Systeme Verlag • Weberstr. 2 • D-69120 Heidelberg
Tel.: (0 62 21) 64 38 0 • Fax: (0 62 21) 64 38 22
E-mail: info@carl-auer.de • Internet: www.carl-auer. de